Dieter Richter

Erfolg ist freiwillig

Erfolg ist freiwillig

Einfache Schritte zum betrieblichen Erfolg

von
Dieter Richter
(in Zusammenarbeit mit Gert Richter)

Krafthand Verlag Walter Schulz GmbH

Bibliografische Informationen der Deutschen Bibliothek

Die Deutsche Bibliothek verzeichnet diese Publikation in der Deutschen Nationalbibliographie; detaillierte bibliographische Daten sind im Internet über http://www.dnb.ddb.de abrufbar.

ISBN: 3-87441-093-5
978-3-87441-093-9

1. Auflage Oktober 2006

Autor: Dieter Richter
Realisierung/Lektorat: Georg Blenk
Titelgestaltung/Layout: Martin Dörfler
Illustrationen: Elie Nasser
Druck und buchbinderische Verarbeitung: Buchproduktion Ebertin, Uhldingen-Mühlhofen
Printed in Germany

Alle Rechte vorbehalten
© Krafthand Verlag Walter Schulz GmbH, Bad Wörishofen, 2006
KRAFTHAND, Chefredaktion: Andreas Burkert, (V.i.S.d.P.)
www.krafthand.de

Dieses Werk ist einschließlich aller seiner Teile urheberrechtlich geschützt. Jede Verwertung außerhalb der Grenzen des Urheberrechtsgesetzes ist ohne die Zustimmung des Verlags unzulässig und strafbar. Dies gilt insbesondere für Vervielfältigungen, Übersetzungen, Mikroverfilmungen und die Einspeisung und Verarbeitung in elektronischen Systemen.

Die Wiedergabe von Gebrauchsnamen, Handelsnamen, Warenbezeichnungen usw. in diesem Werk berechtigt auch ohne besondere Kennzeichnung nicht zu der Annahme, dass solche Namen im Sinne der Warenzeichen- und Markenschutz-Gesetzgebung als frei zu betrachten wären und daher von jedermann benutzt werden dürfen.

Vorwort

Viele Unternehmer oder Geschäftsführer lesen schlaue Bücher, studieren oder besuchen Kurse über Führung und Strategie. Dennoch erreichen sie nicht, was sie sich vorgenommen haben: ihr Unternehmen erfolgreich zu führen, dauerhaft Erfolg zu haben und obendrein noch Freude an der Arbeit!

Oft sind sie genervt und fragen verzweifelt, warum die Dinge nicht so funktionieren, wie sie es sich vorgestellt haben. Für diese Menschen ist dieses Buch gedacht.

Es basiert im Wesentlichen auf praktischen Erfahrungen. Wenn Sie so wollen ‚Aus der Praxis – für die Praxis' und immer nach dem Grundsatz: ‚Kiss'/‚Keep it simple and short' – machen Sie es so einfach wie möglich!

Zum Teil sind Grundlagen wissenschaftlicher Art eingeflossen, die ich mir im Laufe meines beruflichen Lebens erarbeitet habe. Ich wollte wissen, warum manche Dinge so sind, wie sie eben sind.

Darüber hinaus basiert das Buch auf Erfahrungen im Berufsleben: als Unternehmensberater, als Teammitglied im Managementtraining eines der weltweit erfolgreichsten Unternehmen, als Coach im Qualitätsmanagement, auf vielen hundert Begegnungen mit Unternehmern und Führungskräften und nicht zuletzt auf eigenen Erfahrungen als Führungskraft in verschiedenen Positionen – mit gutem Erfolg und Spaß an der Arbeit.

Und ich hatte das seltene Glück, in meinem Bruder Gert Richter einen Menschen gefunden zu haben, der meine Gedanken und Erfahrungen aufgenommen, verstanden und verinnerlicht hat.

Durch eigenes Wissen und seine Erfahrungswerte ergänzt, hat er meine Gedanken bewusst nicht wissenschaftlich aufbereitet, sondern, wie ich glaube, in leicht verständlichen Text umgesetzt. Die Arbeit an diesem Buch hat mich sehr mit meinem Bruder verbunden. Ich schulde ihm dafür ganz besonderen Dank.

Für die Realisierung des Buches waren Herr Andreas Burkert und insbesondere Herr Georg Blenk vom Krafthand Verlag verantwortlich. Für die gute und verständnisvolle Zusammenarbeit danke ich ihnen.

Dieter Richter im Sommer 2006

Inhalt

Vorwort 7

Einführung 15

1. Alles beginnt mit einem Ziel

Ein Chef muss führen 17
Ziele des Unternehmens definieren 17
Was wollen Sie erreichen? 18
Wie wollen Sie gesehen werden? 18
Checkliste: Nichts ist unmöglich – Sie haben die Wahl 19
Materielle Ziele 20
Immaterielle Ziele/Image 23
Was sind Kunden? 24
Wie möchte ich meine Kunden behandeln? 25
‚Aus dem Nähkästchen' – Der Umgang mit Kunden 25
Der Umgang mit Lieferanten und Geschäftspartnern 27
Der Umgang der Mitarbeiter untereinander 28
Was der Mitarbeiterin niemand gesagt hat 29
Die Mitarbeiter sind das Unternehmen 30
Ein Unternehmen ist ein offenes Netzwerk 30
Checkliste Unternehmensziele 31

2. Ziele formulieren und bekannt machen

Ziele und Absichtserklärungen auseinander halten 33
Ziele exakt formulieren 33
‚Aus dem Nähkästchen' – Urlaubsziele 34
Mitarbeiter bei der Zielfindung einbinden 35
‚Aus dem Nähkästchen' – Die blinde Frau 36
Man soll Feste feiern 38
Sagen Sie ‚Danke' 39
Unternehmensziele präsentieren 40
Die Presse einladen 41
Einverstanden – Ich mache mit! 42

3. Ziele mit Leben füllen und die Unternehmensphilosophie leben

‚Ab-teilung' oder ‚Mit-einander' 43
Mit Nachdenken kann man sich viel Zeit ersparen – Gauss 44
‚Setz dich auf den Stuhl des anderen' 46
Brücken bauen 46
‚Aus dem Nähkästchen': Der Mensch spielt eine untergeordnete Rolle 47
Alte Strukturen behindern 48
Respekt vor dem Mitarbeiter 49
Verantwortung übertragen – Vertrauen haben 50
Nicht bevormunden 50
Was nicht geht – Das große ‚No No Never' 51

4. Standortbestimmung und Festlegung des Weges

Wo stehen wir? 53
Den Standort und den Weg kennen 54
‚Aus dem Nähkästchen' – ‚Kick-off-Days' 55
Fehlermanagement als Wegweiser 57
Ziele können sich ändern; in Notzeiten wird angeordnet 58
Operative Hektik im Betrieb als Warnzeichen 59

5. Meetings und Teamarbeit

Besprechung und Kultur 61
Moderation und Teamarbeit 62
Teamarbeit ist kreativ, effektiv und wertvoll,
wenn man Spielregeln einhält 62
‚Aus dem Nähkästchen' – Der kleine Prinz 62

6. Alles was man so braucht

Gutes Werkzeug + Know-how 65
Ausbildung 65
Weiterbildung 65
Veränderungen machen Angst 66
Informationen 66
Personalkapazität 66
Investitionen und Folgekosten 67

7. Betriebsklima

Untersuchung über Arbeitszufriedenheit 69
Loyalität gegenüber dem Arbeitgeber 70
Mängel in der Kommunikation 70
Die Wahrheit des Tages 71
Gutes Betriebsklima ist Erfolgsfaktor Nr.1 71
Was kann der Chef dazu beitragen? 71
Checkliste: Führungspersönlichkeiten 72

8. Motivation der Mitarbeiter

Mitarbeiter sind bereits motiviert 73
Chefsache: Die Motivation muss erhalten bleiben 73
‚Aus dem Nähkästchen' – Der motivierte Mitarbeiter 73
Motivation und Führungsverhalten 74
Persönliche Entwicklungs-/Weiterbildungsmöglichkeiten 75
Leistungsmöglichkeit – Leistungsfähigkeit – Leistungsbereitschaft 76

9. Nichts ist beständiger als die Veränderung

Der Markt wandelt sich ständig 79
Marktbeobachtung, auch global, ist unabdingbar 80
Neue Chancen oder Existenzgefährdung 81
Forschung und Entwicklung – was tun Sie in Ihrem Betrieb? 82

10. Chancen sehen, Chancen nutzen

In Chancen denken 85
Kleiner Nebengedanke: Misserfolge 86
Erster oder Zweiter sein 88
Aufwand und Nutzen abwägen 88
Kundenzufriedenheit und Kundenbindung 88
Die Einstellung bedingt das Verhalten 91
Man kann auch lernen, wie es nicht funktioniert 91
Probieren Sie etwas Neues aus 91
Was heißt NEIN? 92

11. Erfolg ist, gute Mitarbeiter zu haben

Haben wir noch Arbeit für alle? 93
Es gibt kein ‚Auftragsamt' für Unternehmer 94
Was ist soziale Marktwirtschaft? 95
Jeder ist von jedem abhängig – wir sitzen alle im gleichen Boot 96
Schätzen Sie die Arbeit Ihres Außendienstes hoch ein 97

12. Auftrag = Arbeit

Gute Arbeit sichert Arbeitsplätze 99
Jeder sollte sein Verhalten darauf einstellen 99
Der Chef muss vorleben 100
Meckern Sie nicht über das ‚Wie', erklären Sie das ‚Warum' 100
Ordnung ist das halbe Leben 100
Die Übertragung von Verantwortung schafft Selbstwertbewusstsein 101

13. Weiterbildung einmal anders

Schaffen Sie Netzwerke 103
Öffnen Sie Ihren Betrieb für Besucher und für Ideen 104
Nutzen Sie internes Wissen in der Firma 104
Über den Tellerrand schauen 105
Bildungsurlaub statt Bestrafung? 106
‚Aus dem Nähkästchen' – Ungewöhnliche Handlungen,
ungewöhnliche Ergebnisse 107

14. Wer ist bei uns für was zuständig?

Jeder braucht Orientierung 111
Ein Organigramm schafft Klarheit, muss aber gelebt werden 111
Versteckte Machtausübung durch ‚Erbhöfe' bekämpfen 112
Checkliste für eine gute Organisation 112
Arbeitsprozesse standardisieren und festlegen 113
Die 5 W´s 114
Lassen Sie die Mitarbeiter ran, sie wissen im Detail mehr als Sie 115
Hören Sie zu und seien Sie geduldig, Sie erfahren
mehr, als Sie glauben 115
Entschärfen Sie Konflikte 115

15. Sagen, was Sache ist

Die Information ist ein mächtiges Führungsinstrument 117
Die klare Information ist ein gutes Mittel gegen Gerüchte 118
‚Aus dem Nähkästchen' – Miteinander reden 118
Nutzen Sie die EDV als Kommunikationsinstrument (Intranet) 120
Was kann man von ‚Wikipedia´ lernen? 122
Informieren Sie die Mitarbeiter ehrlich über die Lage des Betriebes 123
Machen Sie Geschäftsergebnisse transparent und nachvollziehbar 124
Legen Sie geschäftliche Strategien weitestgehend offen 124
Kommunizieren Sie personelle Veränderungen 124
Interne betriebliche Weiterbildung terminieren und veröffentlichen 125
Betriebliche Verbesserungsvorschläge fördern und prämieren 126

16. Die Menschen machen den Unterschied

Die Menschen, also Ihre Mitarbeiter, sind der Erfolgsfaktor Nr. 1 127
Kümmern Sie sich in erster Linie um die Menschen 128
Vertrauen Sie den Mitarbeitern und zeigen Sie es ihnen 128
Entwickeln Sie für Ihre Mitarbeiter weiterführende Aufgaben 128
„Das Ganze ist mehr als die Summe seiner Teile" 129

17. Der Autor 131

Einführung

Ich habe dieses Buch geschrieben, weil ich fest davon überzeugt bin, dass jeder Erfolg haben kann, wenn er oder sie es will. Erfolg ist freiwillig – man muss ihn wollen, und man bekommt ihn nicht geschenkt. Man muss etwas dafür leisten.

Aber was?

Man kann viel Zeit damit verschwenden, indem man ausprobiert. Aber sonderlich sinnvoll ist das nicht. Denn Zeit ist das einzige Gut, von dem wir nie genug haben werden. Zeit wächst nicht nach, und Zeit ist beschränkt. Wir alle haben nur 24 Stunden pro Tag zur Verfügung und am Ende unseres Lebens werden wir merken, dass es viel weniger Tage waren, als wir uns vorgestellt hatten.

Zeit ist wirklich kostbar, und sobald Ihnen das im Bauch, nicht nur im Kopf, klar geworden ist, werden Sie versuchen, die Zeit nicht mehr zu verschwenden. Das heißt nicht, in Hektik zu verfallen, sondern sinnvoll damit umzugehen. Zum Beispiel, indem Sie das Rad nicht neu erfinden. Es ist schon erfunden, und es läuft wunderbar!

Nutzen Sie, was andere vor Ihnen ausprobiert haben – mit Erfolg. Die ‚Rezepte', die Sie in diesem Buch finden, funktionieren! Ich habe sie persönlich ausprobiert. Aber das will natürlich noch nicht viel besagen. Das könnte Zufall sein oder mein persönlicher Stil.

Aber ich habe dieses Wissen in meiner Laufbahn als Unternehmensberater auch an hunderte von anderen Menschen weitergegeben, auf allen Stufen der Karriereleiter, vom blutigen Anfänger bis zum abgeklärten Seniorchef.

Meine Erfahrung war, dass alle die sich an diese Rezepte gehalten haben, Erfolg hatten. Und, das ist das Schöne daran – es war eben nicht nur meine Erfahrung.

Meine Klienten haben diese Erfahrung am eigenen Leibe, in der eigenen Firma und am eigenen Bankkonto verspürt.

Erfolg heißt nicht nur Geld. Erfolg heißt, selbst zufriedener zu sein. Zu wissen, dass es läuft. Sich auch mal zurücklehnen können. Vertrauen haben können in die Menschen, mit denen Sie arbeiten. Und, vielleicht noch schöner, gleichzeitig zu spüren, dass die Mitarbeiter und Kollegen Vertrauen in Sie haben.

Einführung

Das Gefühl, dass alle an einem Strang ziehen. Dass nicht jeder sein eigenes Süppchen kocht, hinter vorgehaltener Hand, ein freundliches Gesicht macht, solange man hinschaut und abends sagt – ‚pfffff'.

Schön wär's? Klar wär das schön. Und Sie können es haben. Wie? Lesen Sie dieses Buch. Aber lesen Sie es nicht nur. Halten Sie sich dran.

Tun Sie's!
Erfolg ist freiwillig!
Und schön…

1. Alles beginnt mit einem Ziel

Ein Chef muss führen!
Sie sind der Chef!

Chef sein bedeutet nicht, dass Sie der ‚König' sind und alles machen können, was Sie wollen. Nein! Im Gegenteil.

Chef sein bedeutet vor allem, dass Sie Ihr Unternehmen führen. Ihre Mitarbeiter erwarten das von Ihnen, ob sie es sagen oder nicht, und sie haben ein Recht darauf. Es muss jemand da sein, der sagt, wo es langgeht. Und dieser eine, das sind Sie!

- *„Der Soldat hat ein Recht auf Führung!"*
  Napoléon Bonaparte

Heißt das, dass Sie das Blaue vom Himmel herunter befehlen können und alle müssen kuschen? Eben nicht!

<small>Definieren Sie die Ziele des Unternehmens</small>

Es heißt vor allem, dass Sie die Ziele des Unternehmens definieren. Wahrscheinlich haben Sie die Ziele im Gefühl. Aber das reicht nicht. Sie müssen sich die Mühe machen und sich hinsetzen und diese Ziele aufschreiben.

Das ist keine lästige Pflichtübung, sondern dient vor allem dazu, dass Sie sich ganz exakt darüber klar werden, was Sie wollen. Und ob das möglich ist, was Sie wollen. Und was es kostet. Mit dem Bleistift in der Hand denkt es sich besser. Schreiben Sie auf, was Ihnen einfällt. Schwarz auf weiß!

Unternehmensziele sind nicht nur Umsatzzahlen. Das geht doch viel tiefer, und vor allem fängt es viel früher an. Die erste Frage, die Sie sich stellen müssen, lautet:

<small>Unternehmensziele sind mehr als Umsatzzahlen</small>

1 Alles beginnt mit einem Ziel

Was wollen Sie erreichen?

Übrigens müssen Sie sich diese Frage nicht allein im stillen Kämmerlein stellen. Sie können das durchaus im Team tun, zusammen mit Ihren wichtigsten Mitarbeitern, und sinnvollerweise unter der behutsamen Anleitung eines erfahrenen Moderators.

Fahren Sie raus für ein Wochenende, mieten Sie sich ein Schloss oder eine Berghütte, ganz nach Gusto, schalten Sie die Handys aus, begraben Sie für ein Wochenende alle Sorgen, Eifersüchteleien, Stuhlbeinsägereien und Kriegsbeile und denken Sie einfach mal nach: Was wollen Sie erreichen?

Wie wollen Sie gesehen werden?

Von den Kunden. Von den Lieferanten. Von der Konkurrenz. Von den Mitarbeitern. Von den Menschen in der Gemeinde, in der wir arbeiten. An dieser Stelle habe ich oft gesehen, wie meine Klienten leicht die Nase rümpften. Man spürte sie förmlich denken – ahhhh, was für ein ‚Fluffy-Ziel'! Wie uns die Leute sehen! Was das wohl soll?

Aber es macht einen Unterschied, ob Sie von sich selbst sagen, wir sind ein superaggressives Team, schlank und bissig, hellwach und gnadenlos.

Ihre Zeitungsanzeigen werden in knallrot gehalten, die Preise knirschen mit den Zähnen, Überstunden sind die Norm, die Fluktuation hoch und das Betriebsklima stinkt nach Hammerhai. Man kann so Geld verdienen, und wenn Sie das möchten, dann tun Sie es!

„Wir sind auf Dauer angelegt und wollen langsam wachsen"

Und wenn Sie sagen, „Wir sind auf Dauer angelegt, wir wollen langsam wachsen, wir wollen unsere Last weder der Umwelt noch der Gesellschaft aufbürden, wir wollen eine große Familie sein, die zusammenhält" – tja, dann werden Sie möglicherweise Kunden haben, die nicht gleich bei jeder Marktzuckung zur Konkurrenz abspringen.

Sie werden vielleicht eine firmeneigene Kinderbetreuung haben (und feststellen, dass Sie das unter dem Strich billiger kommt als alle neun Monate neue Mitarbeiterinnen auszubilden, wie eine Studie aus der Schweiz gerade herausgefunden hat). Sie müssen wissen, ob Sie das wollen.

Erfolg ist freiwillig **1**

Ich kann nicht für Sie entscheiden, was besser ist. Das müssen Sie selbst wissen!

Jede Daseinsform hat ihre Daseinsberechtigung. Aber schreiben Sie auf, wie Sie gesehen werden wollen. Das ist kein ‚Fluffy-Ziel'. Das ist die Frage nach dem ‚Wer bin ich'. Es hat seinen Grund, warum sie hier an erster Stelle steht.

Schreiben Sie auf: Wer bin ich?

■ *Checkliste: Nichts ist unmöglich – Sie haben die Wahl*

- *Wir wollen eine hohe Rendite erwirtschaften*
- *Wir wollen neue Ideen verwirklichen*
- *Wir wollen Sicherheit für unsere Mitarbeiter*
- *Wir wollen schnell wachsen*
- *Wir wollen Menschen helfen, besser zu leben*
- *Wir wollen den Markt beherrschen*
- *Wir wollen die Nummer 1 werden, damit uns niemand schlucken kann*
- *Wir wollen einen Beitrag zum Schutz der Umwelt leisten*
- *Wir wollen von allen geliebt werden*
- *Wir wollen diversifizieren*
- *Wir wollen international tätig sein*
- *Wir bleiben im Lande und nähren uns redlich*
- *Wir gehen Risiken ein*
- *Uns ist Unabhängigkeit wichtig*
- *Wir hauen auf die Pauke*
- *Wir lassen uns nicht in die Karten gucken*
- *Wir fördern unsere Mitarbeiter*
- *Wir reglementieren alles*
- *Wir setzen auf Eigenverantwortung*
- *Wir wollen… (jetzt sind Sie dran!)*
- *…*

Ziele sind mehr als nur Worte. Ziele, Sie werden es schon gemerkt haben, Ziele drücken die Werte aus, an die Sie glauben. Und ohne Werte ist das Leben wertlos.

Ziele sind Werte

Und dann haben Ziele noch einen großen Vorteil: Es gibt immer Momente der Überraschung. Da kommt eine Krise auf Sie zu oder eine günstige Gelegenheit,

1 Alles beginnt mit einem Ziel

und schon geraten Sie in Zweifel. Soll ich oder soll ich nicht? Dann ist es gut, wenn Sie sich Ihre Ziele noch einmal reflektieren. Soll ich mir diesen Riesenkredit ‚ans Bein binden' oder nicht? Es wäre eine Superchance, andererseits…

Ziele sind Kurs und Richtung

Was sagen Ihre Ziele dazu? Ziele sind eine Richtschnur, auch und gerade für Ausnahmefälle. Halten Sie sich daran. Es macht das Leben einfacher, weil Sie weniger zweifeln. Und es macht Sie vertrauenswürdig, da auch Ihre Umwelt weiß, wie Sie handeln werden.

Aber jetzt mal konkret

Materielle Ziele

Okay. Fangen wir mit den materiellen Zielen an, als da sind Umsatz, Cashflow, Ergebnis, Kosten, Geschäftsfelder, Größe des Unternehmens, Filialen ja oder nein und wenn ja, wie viele. Das eine hängt vom anderen ab, ist ja klar. Umsatz minus Kosten sind das Ergebnis – wirklich? Da gibt es auch noch Steuern und Rückstellungen und so weiter.

Halten wir uns nicht bei Kaisers Bart auf. Niemand hindert Sie, dicke betriebswirtschaftliche Bücher zu kaufen und zu studieren. Da stehen die Feinheiten drin, falls Sie die brauchen.

Es gibt auch Mitarbeiter und/oder Berater, die sich auskennen, wenn nötig. Fürs Erste reicht es aber völlig aus, wenn Sie sich einfach mal darüber klar werden:
a) welche materiellen Ziele Sie haben und
b) wie diese Ziele konkret aussehen.

Das ist nur halb so selbstverständlich, wie es aussieht. Nicht jeder will Umsatz. Manchen reicht es aus, wenig Umsatz zu machen, dafür aber horrende Gewinne einzustreichen. Manche wollen überhaupt keinen Umsatz machen, zum Beispiel, weil sie humanitäre Ziele haben. Die Heime von Mutter Teresa lehnen finanzielle Hilfe ab. Wie man sieht, kommt es selbst bei den materiellen Zielen auf die Grundfrage an, was Sie erreichen wollen.

Aber gehen wir mal davon aus, dass Sie ein Unternehmen haben, das Geld verdienen muss. Dann brauchen Sie Umsatz. Aber wie viel? Umsatz kriegt man nicht geschenkt, und daher ist die Frage, ob Sie es sich leisten können, viel Umsatz zu machen, berechtigt. Vertrieb ist teuer, und je erklärungsbedürftiger Ihr Angebot, desto teurer. Wenn Sie wissen, dass Sie mit minimalen Gewinnspannen rechnen müssen, brauchen Sie möglicherweise sehr viel Umsatz. Damit haben

Erfolg ist freiwillig 1

Sie vielleicht auch sehr hohe Kosten. Und schon sind wir beim hohen Risiko, denn was passiert, wenn der Markt mal nicht so recht will (und wann will er schon mal?). Dann ‚bricht der Umsatz ein', wie man immer so schön sagt, und die hohen Personalkosten haben Sie immer noch.

Der langen Rede kurzer Sinn: Schreiben Sie nicht einfach gedankenlos als Ziel ‚x Millionen' auf. Denken Sie lange und gründlich darüber nach. Es könnte sich lohnen. Und der Gewinn? Blöde Frage, jeder will Gewinn machen.

Denken Sie lange und gründlich über Ihre Ziele nach!

So viel wie möglich, ist doch klar. Ist es nicht! Manche stecken das Geld, das sie verdienen, lieber in den Aufbau neuer Filialen oder Geschäftsfelder, statt Dividenden auszuschütten. Manche geben auch lieber ihren Mitarbeitern hundert Euro mehr statt dem Finanzamt tausend. Manche sagen sich, wenn ich jetzt nicht etwas mache – solange es gut läuft, dann holt mich das Leben in drei Jahren ein, dann herrscht Heulen und Zähneklappern und der Ruf nach dem Staat, bei dem ja nun auch nicht allzu viel zu holen ist.

In einer Nussschale, wie die Amerikaner sagen (‚in a nutshell'): Gewinn ist wie Waschmittel. Je mehr, desto besser – diese Formel stimmt einfach nicht und obendrein macht sie die Umwelt kaputt. Beides muss richtig dosiert werden!

■ *Ein Holzfäller, der über eine stumpfe Axt klagte, die ihn beim Baumfällen behinderte, wurde gefragt, warum er sie nicht schärfe. „Ich habe keine Zeit, ich muss doch Bäume fällen", so seine Antwort.*

Sie haben längst gemerkt, worauf ich hinauswill: Ich möchte Sie dazu anregen – auch über angeblich einfache Dinge eine Minute länger nachzudenken. Und zwar vorher – dann wenn Sie sich Ziele setzen. Nicht erst wenn die Entwicklung Sie zu schnellen Entscheidungen zwingt. Sie sind der Kapitän, und Sie bestimmen den Kurs! Wenn Sie planlos hin- und herkreuzen, werden alle seekrank und finden die ganze Reise zum Kotzen.

Bestimmen Sie den Kurs!

■ *Wenn Sie das Gefühl haben, Sie bräuchten ein paar Informationen mehr: Lesen Sie nicht immer nur Zeitschriften mit großen Fotos auf Glanzpapier. Die werden von Leuten gemacht, die nicht Wissen vermitteln, sondern Auflage machen sollen. Nehmen Sie sich lieber mal*

1 Alles beginnt mit einem Ziel

> *eine Stunde frei und gehen Sie in eine Buchhandlung. Sie werden sich wundern, was für interessante Bücher da auf Sie warten. Und dann haben wir ja auch noch das Internet. Ein erster Einstieg wäre zum Beispiel hier: http://de.wikipedia.org/wiki/Gewinn.*

„Der Mensch lebt nicht vom Brot allein"

Gerade gestern hat mir eine junge Frau gesagt (eine Kinderpsychiaterin, die vorwiegend selbstmordgefährdete Jugendliche betreut), sie habe den Eindruck, die Welt würde immer inhumaner. Sie war nicht die Erste, die mir das mitgeteilt hat, und sie war auch nicht die Einzige.

Viele Menschen werden das Gefühl nicht los, dass die Kluft zwischen einigen wenigen, die das Sagen und das ‚Haben' haben, und vielen, denen man nicht zuhört und die immer weniger haben, langsam aber sicher größer wird. Und diese Entwicklung macht ihnen Angst, weil sie aus der Geschichte wissen, dass viele Konflikte, Umstürze, Gewalt und Blutvergießen so angefangen haben. Viele fühlen das, aber sie wissen nicht was sie tun sollen. Sie sind drin in diesem Strudel und schwimmen notgedrungen mit im Strom und hoffen, dass sie ans Ufer kommen, bevor der Niagara in die Tiefe fällt.

Bedenken Sie: Sie beeinflussen die Geschicke vieler Menschen!

Aber Sie sind Unternehmer. Und ein Unternehmer ist einer, der etwas unternimmt. Allein durch Ihren Platz im Netzwerk – Sie haben Mitarbeiter, Kunden, Lieferanten, Partner – beeinflussen Sie die Geschicke von vielen Menschen. Von Menschen mit Familien die einkaufen gehen, Kinder in den Kindergarten und die Schule schicken, in Ferien fahren, Autos, Kleider und Lebensmittel kaufen, telefonieren und Strom verbrauchen.

Wenn ein Unternehmen 1.000 Mitarbeiter entlässt, sind nicht 1.000 Menschen davon betroffen, sondern durch die ‚Schockwellen' gut und gerne 5.000. Ob das allen, die dafür verantwortlich sind, klar ist?

Ich sage Ihnen das, um Ihnen ganz eindrücklich klar zu machen, dass Sie als Unternehmer einen erheblichen Einfluss haben. Ja, selbst als winziger Ein-Mann/Frau-Betrieb! Und deshalb ist es kein unternehmerisches Softball-Spiel, wenn Sie sich über ihre immateriellen Ziele klar werden, und klar heißt: klar.

Erfolg ist freiwillig 1

Als die Computerbranche noch jung war, wurde Heinz Nixdorf auf der ‚CeBIT' in Hannover von einem aufdringlichen Journalisten gefragt, warum er denn keine Personal Computer baue – das sei doch schließlich auch ein Markt.

„BMW stellt auch keine Mopeds her!" entgegnete Nixdorf, hatte dabei die Lacher auf seiner Seite und die Sache ein für allemal klargestellt: Wir spielen in der ganz oberen Liga und machen nicht ‚Kleinklein'.

Sich über so etwas klar zu sein, es nach Außen zu tragen, ein Image aufzubauen, gehört zu den immateriellen Zielen. Das Image ist ein kostbares Gut und keineswegs nur Oberflächenpolitur. Ich muss wissen, nicht nur wer ich bin, sondern auch, wie ich gesehen werden möchte.

Immaterielle Ziele

Image fängt beim Bewusstsein an, betrifft die Gepflegtheit der Rasenflächen, die Anzahl der Kundenparkplätze, das Lächeln in den Augen der Damen am Empfang, die Tippfehler in den Briefen, das Auftreten in der Öffentlichkeit und natürlich die Qualität der Produkte und Dienstleistungen. Image ist nichts, was man sich bei einer Werbeagentur machen lassen kann. ‚Image' ist eine innere Haltung, die von den Zielen ausgeht. Und die Ziele gehen von Ihnen aus!

‚Image' ist die innere Haltung

Vieles davon ist so selbstverständlich, dass man sich kaum traut, es aufzuschreiben. Aber ich wette mit Ihnen, dass Sie mir aus der Hüfte eine Hand voll eklatanter Verstöße gegen die simpelsten Regeln aufzählen könnten, die Sie selbst erlebt haben: Eine Friseuse mit schmuddeligen Fingernägeln zum Beispiel. Ein Anhänger mit einem Schrottauto, quer über alle Kundenplätze geparkt, wenn Sie Ihren Wagen zum Service bringen wollen. Ein EDV-Dienstleister, dessen Support nach einem Tag immer noch nicht geantwortet hat. Ein Telefonapparat, der nicht angeschlossen werden kann, und niemand findet sich, der zuständig wäre. Ein gelöschter Dauerauftrag bei der Bank, der nach einem Jahr unerklärlicherweise wieder die Abbuchung anstößt. Eine Versicherung, die Ihnen zweimal den gleichen Fragebogen schickt, obwohl Sie ihn längst ausgefüllt haben. Ein millionenschwerer Fußballstar, der seinem Gegner ins Gesicht spuckt. Ein Politiker, der mit 2,8 Promille in die Mausefalle gerät. Image hat eine Menge mit Glaubwürdigkeit zu tun.

Image ist Glaubwürdigkeit

Sich ein hehres Image als immaterielles Ziel zu setzen ist gut und schön, aber es kann in die Hosen gehen, wenn man es falsch macht. Falsch ist, wenn es aufgesetzt und künstlich ist. Eine Maske.

Mein Bruder hat es eines Tages probiert: Er ließ sich die Haare schneiden, räumte sein Büro auf, kaufte einen Anzug und ging erwartungsvoll zu seinen

1 Alles beginnt mit einem Ziel

Kunden. Mit dem Ergebnis, dass die sich totlachten. Mein Bruder kann machen, was er will: Mit Schlips und Kragen sieht er einfach aus wie verkleidet. Einen Monat später waren die Haare nachgewachsen, der Anzug im Schrank und die Welt war wieder in Ordnung.

Das Image kann man nur langsam verändern

Heißt das, dass man sich und sein Image nicht verändern kann? Natürlich kann man, sonst wäre es ja sinnlos sich so ein Ziel setzen zu wollen. Nur kann es dauern, und man muss es Schritt für Schritt machen. Erst die Haare schneiden. Dann schon mal zu Hause den Anzug tragen, bis man sich dran gewöhnt hat. Das Büro nicht nur einmal aufräumen, sondern jeden Tag. Und wenn alles selbstverständlich geworden ist, lacht auch kein Kunde mehr. Dann passt eben alles zusammen.

Sie haben sicher schon öfter gesehen, dass eine Firma plötzlich ganz neu daherkommt, hochglanzgestylt, neues Briefpapier, topmoderne Firmenfarben, eine neue Werbekampagne, und Sie denken: Nanu? Was ist passiert? Vermutlich haben die einfach einen neuen Chef und der hat eine neue Werbeagentur angeheuert, die ihnen eine Menge von Corporate Identity erzählt und ein nagelneues Erscheinungsbild verpasst hat. So etwas gehört zum Standardrepertoire ‚neuer Besen', die ja bekanntlich gut kehren.

Sich einfach nur ein neues Logo aufs Briefpapier zu drucken, ohne dass auch ein innerer Wandel stattfindet, ist zumindest riskant. Die Kunden wundern sich. Irgendwann gewöhnen sie sich daran. Die Mitarbeiter sind entweder begeistert oder zögerlich, Kummer gewöhnt oder zucken die Achseln. „Öfter mal was Neues" – auch gut.

Auch Image ist ein Ziel!

Ja was denn nun? Soll man sich ein Imageziel setzen oder nicht? Ganz klar: Man soll! Aber wenn es um die Umsetzung geht, müssen Sie sich bewusst sein, dass es nicht im Hauruckverfahren geht. Kleine Schritte, Salamitaktik sind gefragt. Und viel Geduld!

Die lieben Kunden

Kunde oder Zielgruppe?

Es gibt ein schreckliches Wort für ‚Kunde' in der deutschen Sprache, und das heißt: ‚Zielgruppe'. Was daran schrecklich ist? Aus der Psychologie wird eine Mengenlehre gemacht. Das ist das Schreckliche daran. Eine Zielgruppe besteht nicht aus Menschen, die Hoffnungen, Wünsche und ein Budget haben, mit dem sie auskommen müssen, sondern aus ‚Zielpersonen', die man ‚bearbeiten' kann – mit Marketing-Maßnahmen, Werbekampagnen, Merchandisingprodukten, Ver-

Erfolg ist freiwillig

kaufsrezepten und Abschlusstechniken. Das sind wandelnde Brieftaschen, aber keine Mitmenschen mehr. Da stellt sich die Frage: Wer ist schlauer, du oder ich? Bekomme ich dein Geld oder nicht?

Bekomme ich dein Geld oder bist du mir wertvoll?

Und genau darum geht es nicht. Und genau darum geht es nicht.

Warum ich das zweimal hingeschrieben habe?
Weil es genau darum nicht geht!

Kunden sind Menschen. Darum geht es. Menschen, die etwas brauchen. Oder zu brauchen meinen – das geht uns nichts an. Kunden, die eine Lösung suchen für eine Spannung, die sie spüren. Vielleicht haben sie Hunger und wollen Brot kaufen. Oder sie haben Kinder und brauchen Windeln. Oder sie wohnen 7 Kilometer von ihrer Arbeitsstelle und brauchen ein Transportmittel. Eines, mit dem sie auch die Kinder zur Schule fahren können. Das sicher ist und bequem. Mit dem man am Wochenende einen Ausflug machen kann. In das man in den Ferien auch das knallrote Gummiboot reinpacken kann und den Sonnenschirm. Eines, das schön ist, das sich gut anfasst, wenn man mit den Fingern drüberstreicht. Wie viele kauft man schon davon im Leben?

Kunden sind Menschen. Menschen mit Problemen. Vielleicht sind Sie derjenige, der einen Teil dieser Probleme lösen kann?

Kunden sind Menschen

Ist Ihnen eigentlich klar, welchen Vorschuss an Vertrauen Ihnen diese Menschen geben?

Bitte denken Sie darüber nach, wenn Sie in Ihre Ziele aufschreiben. Denken Sie darüber nach wie Sie Ihre Kunden behandeln werden.

Wie möchte ich meine Kunden behandeln?

■ „Aus dem Nähkästchen' – Der Umgang mit Kunden

Ich habe eine große Kleidergröße und finde nicht überall die Kleidung, die ich gern tragen würde. Einmal habe ich ein Sakko kaufen wollen oder besser müssen, denn als Trainer eines Premiumherstellers im Automobilbereich muss man adäquat gekleidet sein.

Der Verkäufer im Laden musterte mich mit Argusaugen und meinte dann, mit hochgezogenen Augenbrauen: „Tja, das wird nicht leicht

1 Alles beginnt mit einem Ziel

sein!" Die Bemerkung habe ich nicht verstanden, die Botschaft wohl. Danke.

Dann brachte er dennoch ein gutes Stück, das mir ganz gut gefiel. Leider (oder Gott sei Dank) hat man bei meiner Größe nicht so oft die Qual der Wahl.

Und siehe da, es passte auch sehr gut! Zufrieden mit Größe und Design fragte ich nach dem Preis. Der war der Größe des Sakkos ziemlich vorauseilend und ich wagte die Bemerkung: „Das ist aber ganz schön teuer!" Die Antwort des Verkäufers war umwerfend: „Bedenken Sie, was Sie bisher in Essen und Trinken investiert haben, um so eine Kleidergröße zu erhalten, dann ist der Preis eher gering!"

Danke, ich habe verstanden. Und das Sakko hängt vielleicht heute noch im Laden.

Mittlerweile machen immer mehr Läden mit Übergrößen auf. Neben der großen Auswahl gibt es Klimatisierung im Laden, Schuhanzieher und vor allem persönliche Bedienung!

Meine Größe gehört dort eher zu den kleinen Kleidergrößen, ich finde alles in reicher Auswahl. Ich kann in Ruhe anprobieren und in klimatisierten, geräumigen Kabinen, ohne dass die Verkäuferin den Vorhang aufreißt und schreit: „Na, passts?"

Die persönliche Beratung beginnt mit einem Smalltalk. Ich werde gefragt, wie sich die letztes Mal erworbenen Kleidungsstücke getragen haben, ob ich zufrieden war und was ich diesmal benötige. Dann kann ich in Ruhe wählen, bekomme eine eigene Umkleidekabine zugewiesen, die während der ganzen Prozedur nur mir gehört, und habe alle Zeit dieser Welt, alles in Ruhe zu probieren.

Fazit: *Dort gehe ich regelmäßig hin und kaufe eigentlich immer mehr, als ich ursprünglich wollte.*

„Wie du mir, so ich dir" – Der Umgang mit Partnern

Ich habe schon auf manchem Kundenparkplatz gestanden, aber noch nie auf einem Parkplatz für Lieferanten. Die Logik ist mir schon klar – die Kunden bringen mir Geld und die Lieferanten nehmen es mir wieder ab. Also kann ich sie schlechter behandeln. Ich kann sie unter Druck setzen und zu Terminen zwingen, die sie guten Gewissens nicht einhalten können. Ich kann ihre Preise grundsätzlich für überhöht halten und von vornherein eine Hand voll Prozentpunkte abrechnen. Ich brauche sie nicht zum Essen einzuladen, das sollen gefälligst sie machen – schließlich bin ich ihr Kunde.

Ist das nicht irre?

Wie man in den Wald hineinruft, so schallt es auch wieder heraus. Wenn man sich einmal klarmacht, wie prekär das Gleichgewicht ist, weil wir von unseren Lieferanten genauso abhängig sind. wie sie von uns, dann ändert sich auch die innere Einstellung. Ich meine, dass es zu den Zielsetzungen gehören muss, wie wir unsere Lieferanten und Partner behandeln wollen. Sachlich und fair – das ist das Mindeste. Partnerschaftlich eben. Wie du mir – so ich dir. Ein Geschäft ist immer nur dann ein gutes Geschäft, wenn beide einen Vorteil davon haben, das wissen Sie doch. Und wie kann ich einem Lieferanten vertrauen, der genau weiß, dass ich alles getan habe, um ihn auszuknautschen? Als Unternehmer haben Sie es mit in der Hand, ob unsere Welt wirklich jeden Tag ein bisschen inhumaner wird. Was ist wichtiger? Ihr halbes Prozent mehr in der Bilanz oder ein Partner, der nicht den Druck, den Sie aufgebaut haben, weitergeben muss? Der sich wohlfühlt mit Ihnen und gut über Sie spricht? Der Ihnen vertraut? Dem Sie vertrauen können?

Behandeln Sie Ihre Geschäftspartner partnerschaftlich!

Nein, das ist nicht das Wort zum Sonntag. Das ist schlicht und ergreifend gesunder Menschenverstand. Weil alles andere, wie jede noch so kleine Verletzung, irgendwann leise vor sich hin eitert. Muss nicht sein.

Ich und du und Müllers Kuh

Wir sind eine große Familie, wir sitzen alle im gleichen Boot und wir haben uns ja sooo lieb. So weit die Theorie.

Jeder glaubt, er hat es am schwersten.

In der Praxis weiß die Linke nicht, was die Rechte macht, und es ist ihr auch von Herzen ‚piepegal'. Wir sind die Buchhaltung, und was der Verkauf macht – woher soll ich das wissen? Die trinken den ganzen Tag Kaffee und fahren in den

1 Alles beginnt mit einem Ziel

schönen Autos herum. Und wir sehen überhaupt keine Sonne und machen die ganze Arbeit – es ginge ja sonst drunter und drüber. Und dann kommen sie noch an und drängeln und fragen, ob die Rechnung für ‚Sowieso' schon fertig ist. Wichtigtuer!

Nun ist es ja so, dass jeder Mensch der Mittelpunkt der Welt ist und ohne ihn bricht dieselbe zusammen. Auch hat jeder genug – ach was – mehr als genug zu tun, und da wäre es ja noch schöner, wenn man die Arbeit von Frau Müller auch noch mitmachen wollte, nur weil sie krank ist. Krank? Wahrscheinlich hat sie mal wieder gefeiert. Uns kann man doch nicht für dumm verkaufen. Das bleibt liegen, bis sie wiederkommt, dann wird sie schon sehen.

Und wenn die Werbung partout einen Tag der offenen Tür veranstalten will, dann soll sie das mal schön allein machen. Wie komme ich denn dazu, auch noch am Samstag in den Betrieb zu kommen, Luftballons aufzublasen, Würstchen zu grillen und Prospekte zu verteilen. Erstens nützt es sowieso nichts, und zweitens bin ich Personalsachbearbeiter. Mit Kunden habe ich nichts zu tun und mit Senf, Soße und Semmeln schon gar nicht! Und wer räumt hinterher den Dreck weg?

Mit Kunden habe ich nichts zutun.

Auch ist der ‚Meier' aus dem Lager ein so ein ‚sturer Hund' – das gibt es gar nicht. „Ich brauch 'nen Filter", sag ich zu ihm, „gib mir doch mal eben 'nen ‚F432', der Kunde wartet darauf." Sagt er doch glatt, ich soll erst einmal einen Bestellschein ausfüllen, und dann gibt er den Vorgang in den Computer ein und dann druckt er so ein Lagerformular aus. Das muss ich unterschreiben und die Jobnummer ausfüllen, woher soll ich die jetzt wissen? Und der Kunde guckt schon so komisch und flippt mit seinen Schlüsseln. Da kann er doch einfach rüber gehen ans Regal und mir den blöden Filter geben. Da liegt er doch, groß und dick – kann man doch gar nicht übersehen. So ein Scheiß! Echt war!

„Und jeder sitzt feindselig in seiner Ecke und hat Recht." Mascha Kaléko

Jetzt sind Sie gefragt, werter Herr Unternehmer! Das gehört zu Ihren vornehmsten Pflichten, dieses Ziel zu definieren:

Den Umgang der Mitarbeiter untereinander

Die Sympathie wächst mit der Anzahl der Kontakte. Und mit der Anzahl der Kontakte wächst die Sympathie. Das ist fundamental. Und das ist praktisch. Und es ist eine immense Chance! Sorgen Sie dafür, dass sich Ihre Leute kennen lernen. Dass sie wissen, was die anderen tun.

Erfolg ist freiwillig

Die Firma ist ein Netzwerk!

Dass sie kapieren, dass eine Firma ein Netzwerk ist wie das gute alte Einkaufsnetz. Wenn Sie an einem Ende ziehen, werden alle gezogen. Jeder hat mit jedem zu tun, egal wie weit weg sie sitzen. Das ist schwer zu verstehen, vor allem dann, wenn man sich nicht kennt. Oder schlimmer: womöglich gar nicht weiß, welche Funktionen in Ihrem Unternehmen existieren.

■ *Es mag der Auftragssachbearbeiterin saublöd vorkommen, dass sie bei den Kundendaten eine korrekte Firmierung eingeben soll. ‚GmbH' oder ‚GmbH & Co. KG' – meine Güte! Wie kann man nur so kleinlich sein.*

Was ihr niemand gesagt hat:

Kunden bekommen ihre Rechnungen nur dann vom Finanzamt anerkannt, wenn die Firmierung richtig ist. Aber dazu muss die Sachbearbeiterin wissen, dass ihre Angaben ein Teil der Rechnung sind, ein wichtiger sogar, und dass sie der Buchhaltung eine Menge unnötiger Mehrarbeit macht, wenn sie nur ‚GmbH' statt ‚GmbH & Co. KG' eingibt. Denn die Kunden schicken, wenn sie nett sind, die Rechnungen hemmungslos zurück mit der Bitte, die Rechnung doch korrekt auszustellen. Wenn sie weniger nett sind, warten sie auf die Mahnung, bis sie reagieren.

Was bedeutet, dass Sie auf Ihr Geld warten, länger als geplant, und diese Wartezeit finanzieren müssen. Einen Monat auf 1.000 Euro warten zu müssen kostet bei zehn Prozent Zinsen etwas über acht Euro. Bei einer Million Umsatz, die regelmäßig zu spät eintrudelt, sind Sie 100.000 Euro los – Jahr für Jahr. Und ganz unnötigerweise.

Auch muss jemand die Rechungsadresse korrigieren, eine neue Rechnung fabrizieren, die alte ausbuchen, die neue einbuchen, drucken, eintüten und eine Briefmarke daraufkleben. Kostet unter dem Strich in etwa genauso viel wie das Gehalt der Sachbearbeiterin.

Mit der Folge, dass die Buchhaltung entweder sauer auf die blöden Kunden ist, die immer was zu meckern haben. Oder auf die Sachbearbeiterin, die nicht in der Lage ist, ‚& Co. KG' auszufüllen. Und dass die Sachbearbeiterin, wenn sie es je erfährt, sauer ist auf die Buch-

1 Alles beginnt mit einem Ziel

> haltung, die derart kleinlich ist. Und der dritten Folge, dass ein Vorgesetzter, der rechnen kann und muss, merkt, dass und wie er einen Arbeitsplatz einsparen kann sowie der Firma 100.000 Euro mehr Gewinn bringen. Was er auch bei der nächsten Gelegenheit tun wird. Denn das ist sein Job.
>
> Leider hat das der Sachbearbeiterin niemand gesagt.

Innere Kündigung. Achtung – Handlungsbedarf!

Aus Untersuchungen weiß man, dass nur 48 Prozent der Mitarbeiter ‚mit am gleichen Strang ziehen'. Umgekehrt klingt es viel dramatischer: Die Hälfte der Mitarbeiter sind keine ‚Mitarbeiter', weil sie zwar arbeiten, aber eben nicht ‚mit', sondern entweder einfach für sich oder sogar gegen das Unternehmen. Man weiß, dass zum Beispiel im Autohandel jeder zweite Verkäufer innerlich gekündigt hat. Traurig, traurig, Gott sei's geklagt – aber da kann man halt nichts machen.

Falsch! Da müssen Sie was machen! Sie sind der Boss! Und eines der wichtigsten Ziele muss es sein, zufriedene, motivierte, wenn es geht sogar begeisterte Mitarbeiter zu haben. Das gibt es nicht? In der Anfangsphase von Apple kriegte man die Programmierer nicht mehr nach Hause – sie schliefen einfach unter dem Tisch, damit sie gleich nach dem Aufwachen wieder am Bildschirm sitzen konnten.

Die Mitarbeiter sind das Unternehmen!

Es gibt eine simple Wahrheit. Leider scheint sie schwer zu begreifen zu sein. Sie lautet: Die Mitarbeiter sind das Unternehmen.

Ein Unternehmen ist keine ‚juristische Person'. Ein Unternehmen ist nicht Kapital plus Chef. Das sind alles Gedankengebilde – hypothetische Konstrukte, wenn Sie Fremdwörter lieben. De facto, in Tat und Wahrheit also ist ein Unternehmen ein offenes Netzwerk von Beziehungen zwischen Menschen.

Ein Unternehmen ist ein offenes Netzwerk!

Was heißt ‚Netzwerk'? Netzwerk heißt, dass jeder mit jedem verbunden ist – entweder direkt oder über Knotenpunkte. Der Verkaufsleiter und die Putzfrau leben nicht auf verschiedenen Planeten, sondern sind miteinander durch unsichtbare, aber mächtige Fäden verbunden. Wenn die Putzfrau den Showroom schmutzig verlässt, beeinflusst das den Verkauf, weil die Kunden wegbleiben. Wenn der Verkauf nicht genügend Umsatz macht, kann sich das Unternehmen keine Putzfrau mehr leisten, und dann bleibt der Showroom dreckig, worauf die Kunden wegbleiben. Und schon sind wir in der schönsten Spirale.

Erfolg ist freiwillig

Was heißt ‚offen'? Offen heißt, dass das Netzwerk ‚Unternehmen' Verbindungen nach außen hat und diese für seine Existenz braucht. Von den Kunden haben wir gerade gesprochen; sie sind eine offensichtlich lebenswichtige Verbindung nach außen. Die Lieferanten auf der anderen Seite – was macht ein Supermarkt, wenn kein Obst mehr geliefert wird? Weil der Einkäufer seine Lieferanten nicht genug lieb gehabt hat? Oder – und nun geht es einen Schritt weiter – weil wütende Bauern in Frankreich die Autobahn mit Traktoren blockiert haben. So seltsam es klingen mag: Das Netzwerk ‚Unternehmen' hat und braucht Verbindungen zum Rest der Welt.

Als Chef eines Unternehmens ist Ihr Einfluss auf französische Bauern sicherlich begrenzt. Aber wie gut das Netzwerk in Ihrem Unternehmen funktioniert, dafür sind Sie verantwortlich. Sie müssen ein Bewusstsein dafür entwickeln, und Sie müssen dafür sorgen, dass Ihre Mitarbeiter dieses Bewusstsein ebenso entwickeln wie Sie.

Wie das geht, darüber reden wir nachher. Im Moment sind wir noch bei den Zielsetzungen. Es ist mir wichtig, dass Sie verstehen, dass neben den ‚harten' Zielen wie Umsatz und Gewinn die ‚weichen' Ziele wie das vernetzte Denken und die Pflege von menschlichen Beziehungen mindestens ebenso wichtig sind. Wenn Sie ernsthaft darüber nachdenken sogar wichtiger, weil sie die Voraussetzung für den monetären Erfolg sind. Ohne menschliche Beziehungen, allein auf einer Insel, machen Sie nicht einen Cent Umsatz.

■ *Checkliste Unternehmensziele:*

- *Ich entschließe mich, Unternehmensziele zu erarbeiten*
- *Wer soll in diese Überlegungen mit einbezogen werden? (Liste erstellen)*
- *Wann wäre ein geeigneter Termin?*
- *Wo und wie machen wir das?*
- *Sollen wir einen erfahrenen Moderator hinzuziehen?*
- *Wen?*
- *Die Teilnehmer müssen informiert werden*
- *Wer kümmert sich um die Organisation? (Delegieren)*
- *Was passiert, wenn wir die Ziele festgelegt haben?*

2. Ziele formulieren und bekannt machen

An die große Glocke hängen!

Ziele gehören an die große Glocke gehängt! Was nützt es Ihnen, wenn Sie wissen, was Sie wollen, aber alle anderen stochern im Nebel? Wie soll irgendjemand mit Ihnen am gleichen Strang ziehen, wenn Sie Ihre Gedanken als Betriebsgeheimnis in den Safe sperren? Man möchte meinen, das wäre selbstverständlich. Ist es aber nicht!

Wenn Sie Ihre Unternehmensziele sorgsam erwogen, durchdiskutiert und abschließend formuliert haben – in etwa acht bis zehn klaren Sätzen –, dann müssen Sie diese Ziele kommunizieren. Kommunizieren heißt: mit anderen teilen. Sie mitteilen – auf gut Deutsch.

‚Klare Sätze' heißt: Diese Ziele sollten überprüfbar sein. Wann habe ich das Ziel erreicht? Ich muss das wissen, sonst hängt mir dauernd die Karotte vor der Nase, und ich kann rennen und rennen wie ich will, ich erreiche sie nicht.

Mit anderen Worten: Formulieren Sie nicht: „Der Umsatz muss erheblich gesteigert werden". Das ist kein Ziel. Das ist ein politisches Parteiprogramm! Schreiben Sie statt dessen: „Wir wollen in den nächsten drei Jahren unseren Umsatz um 14 Prozent steigern". Oder: „Wir wollen jedes Jahr um 2 Prozent wachsen." Oder: „Wir wollen bis 2009 einen Umsatz von mindestens 4,8 Millionen Euro erzielen, bei 3 Prozent Gewinn vor Steuern." Formulieren Sie nicht: „Unser Betriebsklima soll von gegenseitigem Vertrauen und Verständnis geprägt sein." Das ist ‚Blabla'.

<small>Unterscheiden Sie Ziele und Absichtserklärungen</small>

Schreiben Sie: „Wir werden konkrete Maßnahmen erarbeiten und durchführen, die die persönlichen und betrieblichen Beziehungen unserer Mitarbeiter verbessern."

<small>Ziele exakt formulieren</small>

2 Ziele formulieren und bekannt machen

Diese Maßnahmen sind:
- Einführung eines Job-Rotations-Programms für neue Mitarbeiter,
- Einführung einer internen Seminarreihe über die Funktionen und Erfordernisse der einzelnen Abteilungen,
- Einführung eines jährlichen Wandertags mit Familien auf Betriebskosten.

Ziele können sich ändern

Beim Formulieren dieser Ziele überkommt manch einen Firmenchef ein etwas hehres, heiliges Gefühl. Wie ein Gründungsvater, der eine Verfassung schreibt. Klar, das ist ein wichtiger Schritt im Leben Ihres Unternehmens.

Aber Unternehmensziele werden nicht in Stein gemeißelt. Es handelt sich nicht um die Zehn Gebote – Sie können (und sollten) Ihre Ziele ab und zu überdenken, revidieren und neu formulieren. Schließlich ändern sich die Zeiten und die Menschen und last, not least Ihr Unternehmen. Dafür haben Sie doch die Ziele gemacht, damit sich etwas ändert, oder?

Sie sollten sich übrigens keinen Illusionen hingeben: Zielsetzungen erarbeiten kann dauern. Ich habe als Berater bei diesem Prozess des Öfteren mitgewirkt.

Und selbst in kleineren Unternehmen geht es nicht von heute auf morgen. Die schönsten Ziele die Sie sich setzen, nützen nichts, wenn Sie nicht die Unterstützung Ihrer Mitarbeiter haben. Und die kriegen Sie nur, wenn Sie alle (ja, alle!) daran teilhaben lassen. In Form von Input zum Beispiel. Fragen Sie nach Ideen und stellen Sie diese Ideen zur Diskussion.

■ *„Aus dem Nähkästchen' – Urlaubsziele*

Haben Sie schon einmal eine ähnliche Erfahrung gemacht? „Wir fahren in Urlaub." Die beste aller Ehefrauen möchte in ein schickes Beachhotel mit weißen Stränden und Palmen, Disco und schönen Läden zum Shoppen. Sie wollen Abenteuer und sportliche Betätigung wie Bergsteigen, von Hütte zu Hütte auf dem Hochgebirgs-Fernwanderweg. Die jugendliche Tochter möchte auf einen Reiterhof und der Sohn in ein Zeltlager mit Nachtwanderungen und Lagerfeuerromantik.

Was tun?

Erfolg ist freiwillig

Die Erkenntnis ist dabei: Wenn jeder das machen will, was er möchte, dann muss er es allein machen. Aber wird es dann auch so viel Spaß bringen ohne die Familie? Immerhin ist man nicht so oft und so eng zusammen wie im Urlaub. Der Entschluss lautet also: Wir fahren gemeinsam in den Urlaub.

Fazit: *Die Einzelwünsche müssen hinter einem höheren ‚wertvolleren' Ziel zurückstehen. Und dieses Ziel muss in irgendeiner Art und Weise auch die Wünsche aller mit berücksichtigen, sonst ist es nicht erstrebenswert. Das ist keine leichte Aufgabe!*

Es muss ein Konsens gefunden werden, sonst haben wir keinen erholsamen Urlaub, sondern nur Stress! Aus den ‚schönsten Wochen des Jahres' wird blanker Horror.

Hunderte von Hoteliers haben mit den Auswirkungen dieses Horrors zu kämpfen, wenn der Frust von Gästen auf angeblich mangelnde Hotelleistungen (Essen, Ambiente, Service, Lärm et cetera) abgeleitet wird!

So ist das auch bei Ihnen im Unternehmen. Sie brauchen Ziele, die die Individualziele aller Mitarbeiter irgendwie berücksichtigen, klar sind und von allen verstanden und akzeptiert werden.

Denn: Gedacht ist noch nicht gesagt, gesagt ist noch nicht gehört, gehört ist noch nicht verstanden, Verstanden ist noch nicht einverstanden, einverstanden ist noch nicht getan.

Es lohnt sich also, von Anfang an und immer wieder in regelmäßigen Abständen viel Zeit und Energie auf die Beantwortung der Frage ‚Was wollen wir erreichen?' zu verwenden.

Fragen Sie also nach und stellen Sie die Meinung Ihrer Mitarbeiter zur Diskussion. Aber bitte mit Fingerspitzengefühl! Es ist ja nicht nötig, dass Sie den Eindruck erwecken, wenn der Chef nicht weiter weiß, dann fragt er uns. Kommunizieren Sie – teilen Sie mit – allen, dass sich das Unternehmen neue Ziele setzen wird. Das ist ein wichtiger Schritt und daher sind alle aufgerufen, ihren Teil beizutragen. ‚Beitragen' ist ein hübsches Wort; man kann direkt sehen, wie jeder etwas herbeiträgt – im Korb, in der Plastiktüte, im Karton –, wie bei einem

Binden Sie Ihre Mitarbeiter bei der Zielfindung ein!

2 Ziele formulieren und bekannt machen

Picknick. Der eine hat Ideen, der andere bringt seine Erfahrung mit, der dritte kann gut kritisieren. Doch, das ist wichtig! Es ist eine Begabung, Schwachpunkte zu sehen. Man muss ja nicht gleich übertreiben. Und wenn man konstruktiv bleibt, um so besser.

Die Konflikte, die bei so einem Prozess unvermeidlich sind, werden nicht unbedingt gelöst, aber wenigstens angesprochen. Was übrigens wichtiger ist: Mitarbeiter, die sachlich eine andere Meinung haben als Sie – kein Problem. Aber wenn Sie deren Meinung ernst nehmen, anerkennen als einen gültigen, ernsthaften, ehrlich bemühten Standpunkt, dann haben Sie die Achtung dieser Menschen. Sie machen aus Andersdenkenden Feinde, wenn Sie sie herabsetzen, mundtot oder lächerlich machen. Sie machen aus Andersdenkenden Partner, wenn Sie ihre Meinung kennen lernen wollen, sich damit auseinander setzen, den Menschen respektieren und anerkennen.

'Anders sein' kann eine Bereicherung sein!

Man hört oft die Demokratie ende am Fabriktor. Schade. Verpasste Chance! Auf die Dauer, das lehrt die Geschichte, leben Demokratien länger. Und die Menschen innerhalb der Demokratie leben glücklicher. Binden Sie Ihre Mitarbeiter ein in den Meinungsbildungsprozess. Informierte Mitarbeiter, die ihre eigenen Argumente und Ideen vorgebracht und die der Kollegen angehört haben, Mitarbeiter also, die an der Entscheidung mitgewirkt haben, tragen sie im Endeffekt auch mit – selbst wenn sie anderer Meinung sind. Das ist schließlich der Witz an der Demokratie, dass man sich der Meinung der Mehrheit fügt. Warum auch nicht? Jede Minderheit hat ja die Chance für ihre Ideen so lange Überzeugungsarbeit zu leisten, bis sie zur Mehrheit wird.

> ■ *'Aus dem Nähkästchen' – Die blinde Frau*
>
> *Ich gehe durch die Stadt, in der ich wohne, in gewohntem schnellem Schritt, zielgerichtet und ohne viel Aufmerksamkeit für meine Umgebung und das morgendliche Leben. Eigentlich nehme ich nichts richtig wahr – nicht das Wetter, nicht die Menschen und nicht das Treiben um mich herum.*
>
> *An einer roten Ampel muss ich stehen bleiben und höre plötzlich neben mir jemand sagen: „Entschuldigen Sie, geht es gerade aus zum Dom?" Ich blicke zur Seite und sehe eine junge Frau neben mir, die mich angesprochen hat. Ich bemerke den weißen Stock und ihre*

Erfolg ist freiwillig

dunkle Brille und stelle fest: Sie ist blind. „Ja", sage ich, „Sie sind auf dem richtigen Weg." Und dann frage ich spontan weiter: „Wollen Sie denn zum Dom und kennen Sie den Weg?" „Nein, nur so ungefähr", sagt sie, „aber ich werde es schon finden." „Ok", entgegne ich ohne zu überlegen, „wenn Sie wollen, bringe ich Sie hin." „Ja haben Sie denn Zeit?" fragt sie, „ich bin nicht so schnell." „Nein, nein", beruhige ich sie, „das klappt schon, ich nehme mir gern die Zeit." Sie schiebt ohne Zögern ihren Arm unter meinen und wir gehen in engem Körperkontakt weiter. Es ist ganz ungewohnt für mich, aber nicht unangenehm, und ich fühle, dass sofort ein gewisses Vertrauensverhältnis hergestellt ist.

Deshalb fällt es mir auch nicht schwer, sie zu fragen, wie sie es sich zutraut, ein Ziel auf einem ihr unbekannten Weg zu finden. Sie lacht und meint: „Aber Sie müssen doch auch fragen, wenn Sie sich nicht auskennen." Ganz einfach, das stimmt. Ich frage sie, ob sie in den Dom will. Sie meint bedauernd, dass sie dazu heute keine Zeit habe, weil sie in der Nähe des Doms einen Sprachkurs besuchen wolle. Ganz leicht und vertrauensvoll läuft sie an meiner Seite, und ich merke, wie aufmerksam und genau sie alles wahrnimmt, an Straßenkreuzungen gleichzeitig mit mir stehen bleibt, scheinbar fühlt, ob die Ampel ‚Rot' oder ‚Grün' anzeigt und ob jemand entgegenkommt.

Ich staune über die Möglichkeiten sich als Blinde so gut zu orientieren und sage ihr das auch. Sie lacht nur und meint, ihr bliebe noch das Hören, Fühlen, Riechen, Tasten und Schmecken als Möglichkeiten und – ganz wichtig – die Intuition, um sich in der Umwelt zu orientieren. Alle diese Möglichkeiten seien natürlich bei ihr verstärkt ausgeprägt, um damit das fehlende Sehen auszugleichen, und darüber sei sie sehr froh und den Sehenden weit voraus. Eigentlich würde ihr nichts fehlen. Und sie sagt es so fröhlich und selbstverständlich, dass ich richtig betroffen bin.

Mir wird schlagartig bewusst, dass ich oft durchs Leben gehe und sehr unachtsam mit meinen Fähigkeiten zu sehen, zu hören, zu fühlen et cetera umgehe, obwohl diese mir die Möglichkeiten eröffnen, viel mehr von dieser Welt zu erleben als ich es nutze! Und ich besitze alle Fähigkeiten uneingeschränkt!

2 Ziele formulieren und bekannt machen

Am Ziel angekommen bleiben wir noch ein bisschen stehen und reden miteinander, dann muss sie gehen. Ich danke ihr für diesen Weg, und sie ist erstaunt, entgegnet sie doch, sie habe zu danken, dass ich sie begleitet hätte!

Ich gehe weiter durch die Stadt, langsamer, nicht mehr so zielgerichtet, und habe alle meine Sinne geöffnet, um das morgendliche Leben in mich einzulassen. Danke an meine blinde ‚Führerin' für die Tatsache, dass sie mir nicht die Augen ‚geöffnet' – sondern sie vielmehr ‚geschlossen' hat!

Ich muss noch oft an diese Begebenheit denken und frage mich, was uns blinde Menschen voraushaben. Ich frage mich, was sie uns zu sagen haben. Sie sind nicht behindert, sie haben mehr als andere und eben keine einfache Sichtweise auf dieses Leben, vielmehr eine ganzheitliche. Sie könnten uns viel davon vermitteln, wenn wir nur aufmerksam genug wären.

In jedem Betrieb gibt es ‚Blinde', oder wir sehen sie in ihnen und wissen nicht, an welchem Potenzial und Wissen wir achtlos vorübergehen. Von Unternehmern meist verkannte und missachtete ‚Erfolgsfaktoren' – ein beklagenswertes Brachliegen von Fähigkeiten!

Man soll Feste feiern

Aber eines Tages ist es so weit, alle verstehen einander etwas mehr – und wie es sich gehört, wird der Tag festlich begangen. Warum? Weil alle gern feiern?

Sie als Chef werden zur ‚Integrationsfigur'

Auch. Aber am wichtigsten ist, dass dies eine wunderbare Chance ist, ein Gemeinschaftsgefühl und eine Aufbruchsstimmung herzustellen. Und Sie, als der Chef, werden als Integrationsfigur erlebt und neu bestätigt. Sie sagen, wo es langgehen wird. Und Sie haben dafür gesorgt, dass alle einbezogen waren und etwas ‚beigetragen' haben. Und deswegen wird dies ein großer Tag. An diesem Tag wird nicht gearbeitet. Sie und ihre Mitarbeiter haben etwas Wichtiges vor. Sie veranstalten Ihren Firmentag – lassen Sie sich einen schönen Namen dafür einfallen. Man zieht sich gut an, wie es sich für so einen Tag gehört. Nix blauer

Erfolg ist freiwillig 2

Anton. Und nicht einfach Kantine! Mieten Sie die Stadthalle dafür, wenn Sie Platz brauchen. Und dann gibt es einen veritablen Festakt. Mit Blumenschmuck, Musik und Rednerpult, an dem Sie stehen und Folgendes tun werden:

Sagen Sie ‚Danke'

Danken Sie Ihren Mitarbeitern

Wofür? Für das, was sie jeden Tag leisten. Für die kleinen Extras, die nicht im Arbeitsvertrag stehen, aber ohne die eine Firma nicht funktioniert. Für die Mitarbeit beim Formulieren der Unternehmensziele.

Erzählen Sie von der Geschichte des Unternehmens

Warum? Weil es erstens eine Menge Mitarbeiter gibt, die keine Ahnung davon haben, wie Ihr Unternehmen eigentlich entstanden ist. Wie mühsam die Anfänge waren. Wie hart die Jahre des Aufbaus waren. Welche Rückschläge eingesteckt werden mussten. Und wie man jetzt dasteht, trotz allem.

Und weil es zweitens ein Zugehörigkeitsgefühl erzeugt. Jeder möchte dazugehören, sich als Teil eines größeren Ganzen fühlen. Wenn die Firma nur dieses Ding da ist, wo man morgens hingeht und eben den ganzen Tag sein Zeug macht und am Monatsende sein Geld kriegt – also mal allen Ernstes, wo soll denn da ein Zugehörigkeitsgefühl herkommen? Warum soll man denn da ‚am gleichen Strang' ziehen? Und was für einem Strang denn bitte, außer dass die Chefs Kohle machen wollen? Ist doch nicht mein Ding, oder?

Deswegen müssen Sie Ihren Mitarbeitern klarmachen, dass dieses Unternehmen, von dem jeder Einzelne ein ganz wichtiges Element ist, ein lebendiges Wesen ist. Ein Wesen, das einmal gegründet wurde von Menschen mit Hoffnungen und Ideen, um nicht immer das Modewort ‚Visionen' zu missbrauchen. Das sich entwickelt hat, nicht immer ganz nach den Vorstellungen, aber ‚c'est la vie' – oder? Und das sich weiterentwickeln soll und wird – mit Eurer aller Hilfe, liebe Mitarbeiter!

Das Unternehmen ist lebendig

Wohin soll sich das Unternehmen hin entwickeln? Das ist Punkt drei.

Beschreiben Sie das Umfeld, in dem Sie leben

Mit anderen Worten: Zeigen Sie Chancen und Probleme auf. Alle Ihre Mitarbeiter würden gern wissen, was die Zukunft bringt. Was die wirtschaftliche Zukunft angeht, neigen die meisten dazu, eher schwarz zu sehen als rosig. Die Medien berich-

2 Ziele formulieren und bekannt machen

ten selten über Positives, und die Gespräche am Arbeitsplatz drehen sich auch eher um Ängste und Befürchtungen als Unbekümmertheit und sorgloses ‚Drauflos'.

Wir sind gut gerüstet

Weil das so ist, ist es Ihre Aufgabe zu zeigen, dass Sie die Situation analysiert haben. Dass Sie sehen, wo Probleme liegen – in der allgemeinen wirtschaftlichen Entwicklung, beim Wettbewerb, bei den technische Entwicklungen.

Dass Sie aber andererseits auch sehen, wo die Chancen liegen – in der allgemeinen wirtschaftlichen Entwicklung, beim Wettbewerb, bei den technischen Entwicklungen. (?)

Nein! Sie sehen nicht doppelt. Aber man kann das Glas halb voll und halb leer sehen, was am Glas und seinem Inhalt nichts ändert, aber an der Art und Weise, wie Sie damit umgehen. Deshalb ist ‚Problem' auch ein Unwort bei den Amerikanern geworden, das jetzt ‚challenge', also Herausforderung heißt. Also nichts, vor dem man wegläuft oder den Kopf in den Sand steckt, sondern etwas, das einem eine Aufgabe bietet, eine Chance zur Weiterentwicklung. Probleme und Chancen sind wirklich oft (wenn auch leider nicht immer) nur verschiedene Sichtweisen der gleichen Sachverhalte. Und das führt uns nahtlos zum Höhepunkt des Tages:

Präsentieren Sie Ihre Unternehmensziele

Wie im Fernsehen. Mit Projektor – damit alle sie sehen können. Groß und deutlich. Sie lesen das erste Ziel vor und erläutern es: Was haben wir uns dabei gedacht? Welchen Herausforderungen wollen wir damit begegnen? Welche Chancen birgt das? Wohin wird uns das führen? Was bedeutet das für jeden Einzelnen von uns?

Und dann präsentieren Sie das zweite Ziel. Und das dritte. Und last, not least das letzte. Aber Sie sind noch nicht fertig. Denn:

Überreichen Sie jedem Mitarbeiter sein persönliches Exemplar der Unternehmensziele

Und Sie schauen ihr/ihm in die Augen und sagen etwas Nettes (zum Beispiel: danke?) und drücken ihr/ihm die Hand.

Eröffnen Sie das kalte Büffett

Der inoffizielle Teil muss sein. Man muss lockerlassen können, miteinander reden, ein Glas trinken. Aber halten Sie es kurz und machen Sie vorher klar, dass die Veranstaltung um soundsoviel Uhr beendet sein wird. Es soll kein Besäufnis werden, sondern der fröhliche Abschluss Ihres großen Tages. Eines Tages, der im Gedächtnis bleiben soll. Von dem man auch später noch reden wird, und zwar positiv.

Noch Fragen dazu? Soll man die Presse dazu einladen? Ja, warum nicht? Aber nicht Hinz und Kunz, sondern Journalisten, die Sie kennen und zu denen Sie schon länger ein persönliches Verhältnis haben. Sie kennen keinen? Dann rufen Sie vorher bei Ihrer Zeitung an und fragen nach dem zuständigen Redakteur. Bitten Sie ihn zu einem Gespräch, bei dem Sie ihm persönlich die Unternehmensziele erläutern. Geben Sie ihm das Material, das Sie am großen Tag präsentieren werden (wichtig: mit einer Sperrfrist versehen!). Laden Sie ihn zur Veranstaltung ein. Wenn er das Gefühl hat, dass dies eine interessante Sache wird, die für viele Leser interessant sein dürfte, wird er kommen.

Laden Sie die Presse ein und gehen Sie an die Öffentlichkeit

Versuchen Sie nicht, die Journalisten dazu zu bringen, nur positiv über Sie zu berichten. Journalisten sind da empfindlich. Ihr Selbstverständnis reagiert allergisch, wenn sie zum Hofberichterstatter degradiert werden sollen. Lassen Sie ihnen alle Freiheit. Und wenn hinterher auch ein paar kritische Worte oder sogar negative Seitenhiebe in der Zeitung stehen sollten (was durchaus nicht gesagt ist, wenn Sie ein gutes Verhältnis aufgebaut haben), dann ärgern Sie sich einmal kurz und vergessen Sie es. Greifen Sie nicht zum Hörer, beschweren Sie sich nicht, lassen Sie keinen Dampf ab. Was in der Zeitung steht, ist ohnehin in wenigen Tagen vergessen. Nichts ist so alt wie die Zeitung von gestern, sagen die Journalisten immer.

In welcher Form werden die Unternehmensziele überreicht?

Es gibt mehrere Möglichkeiten, und sie hängen ein bisschen von Ihrem betrieblichen Umfeld ab. Eine Variante wäre eine richtiggehende Urkunde mit Firmensiegel und Unterschrift. Ein bisschen wie ein verkleinerter Meisterbrief. Eine andere wäre, die Unternehmensziele in Laminat einzuschweißen. Ich weiß aus manchen Betrieben, dass Mitarbeiter in der Werkstatt diese Karte mit den Zielen im Kittel stecken haben, in der Brusttasche. So wichtig sind ihnen die Unternehmensziele.

2 Ziele formulieren und bekannt machen

Sollen die Mitarbeiter die Unternehmensziele unterschreiben?

Das ist genau einer der Punkte, über die Sie mit Ihren Mitarbeitern diskutieren sollten. Es gibt viele ‚Für' und ebenso viele ‚Wider'. Es ist wichtig, dass Ihre Mitarbeiter aussprechen, was sie darüber denken. Wenn mir einer Unternehmensziele vor die Nase hielte und sagen würde: „Unterschreib das!", dann würde ich es vielleicht tun, aber mit knirschenden Zähnen. Das hätte womöglich gar nichts mit den Zielen zu tun. Vielleicht fände ich sie sogar gut. Aber ich will nichts unterschreiben müssen.

Andererseits könnten Sie als Chef sagen, wenn einer die Ziele nicht unterschreiben will, dann identifiziert er sich nicht mit ihnen, dann hat er hier nichts zu suchen. Dann soll er besser gehen.

Sehen Sie, wie wichtig das Gespräch ist?

Die Unterschrift besagt: ‚Einverstanden – ich mache mit!'

Das war's dann? Mitnichten. Unternehmensziele sind nicht in Stein gemeißelt. Meine Güte, die Zeiten ändern sich – eine ganz neue Erkenntnis. Soll, kann, darf man da immer an dem festhalten, was heute für richtig gehalten wird, aber leider morgen überholt ist? Ich erspare Ihnen und mir die Antwort. Eines Tages kommt der Punkt, an dem Sie sich hinsetzen und dieses Buch nochmal auf Seite 1 aufschlagen müssen: Unternehmensziele definieren. Aber bevor es so weit ist, wollen wir die Ziele doch erst einmal in die Tat umsetzen.

3. Ziele mit Leben füllen und die Unternehmensphilosophie leben

‚Ab-teilung' oder ‚Mit-einander'

Selbst die weiteste Reise beginnt mit dem ersten Schritt und den haben Sie gerade gemacht: Die Unternehmensziele definiert. Und sogar den zweiten haben Sie schon hinter sich: Sie haben diese Ziele kommuniziert beziehungsweise mitgeteilt oder auch: Mit allen geteilt! Und jetzt wird in die Hände gespuckt und losgelegt. Stopp!

Selbst wenn Sie ein Mann (oder eine Frau) der Tat sind, steht es Ihnen doch gut an, erst einmal ein bisschen nachzudenken. Was, schon wieder? Und wer kümmert sich inzwischen um den Umsatz? Produziert hier auch noch irgendwer irgendetwas? Denken ist ja ganz hübsch, aber doch nicht von Montag bis Freitag. Denken kann man auch am Wochenende.

Einverstanden. Von mir aus denken Sie am Wochenende nach. Zum Beispiel über Themen wie:
- ‚Ab-teilung' oder Gemeinschaft?
- ‚Mitarbeiter' oder Untergebener?
- Führungskultur – positiv oder negativ?

Vielleicht – ach was, sicherlich haben Sie darüber schon bei den Diskussionen um die Unternehmensziele nachgedacht. Aber wir wollen jetzt ein wenig konkreter werden und uns um die Umsetzung kümmern. Bei Licht besehen handelt

3 Ziele mit Leben füllen

es sich darum, die Voraussetzungen für das Tun zu schaffen. Und das kann Ihnen eine Menge unnötiger Arbeit ersparen.

> ■ Carl Friedrich Gauss ist einer der größten deutschen Mathematiker. Immer noch, auch wenn er schon seit 150 Jahren tot ist. Im zarten Alter von sieben Jahren besuchte er die Volksschule – so eine Zwergschule mit mehreren Klassen in einem Raum, wo links die ABC-Schützen sitzen und rechts die Großen, die schon lesen und schreiben können und nur Unsinn im Sinn hatten. Sein Lehrer, Herr Büttner, stellte den Kleinen die Aufgabe, alle Zahlen von 1 bis 100 zusammenzuzählen. Da hätte er erst mal eine Stunde Ruhe, dachte er und könne sich mit den Großen abgeben.
>
> Pustekuchen! ‚Klein Carl Friedrich' meldete sich nach drei Minuten und sagte: „Bin fertig." Herr Büttner wurde ärgerlich über diese vorlaute Störung, aber Carl Friedrich zeigte ihm seine Schiefertafel mit einer einzigen Zahl darauf: 5050. Na sowas! Wie hatte er das so fix rausgekriegt? Wäre Carl Friedrich ein Kind der Tat gewesen wie alle anderen, hätte er brav gerechnet: 1 und 2 ist 3 und 3 ist 6 und 4 ist 10 und … wo war ich gerade? Nicht so Carl Friedrich. Er überlegte erst einmal und dachte sich: 1 und 100 gibt 101; 2 und 99 gibt 101. 3 und 98 gibt 101. Da ist ja ein System dahinter! Das kann ich 50 mal machen – bis 50 plus 51 ist 101. Dann habe ich alle Zahlen durch. Bingo! 50 mal 101 ist 5050. Fertig. Merke: Mit ein bisschen Nachdenken kann man sich viel Arbeit sparen. Nicht immer, aber immer öfter.

‚Ab-teilung' oder Gemeinschaft?

Ihr Unternehmen ist in mehrere Abteilungen gegliedert? Na klar! Aber warum eigentlich? Weil alle es so machen? Weil es schon immer so war? Oder weil Sie bisher noch nie darüber nachgedacht haben?

Könnte man es auch anders machen? Sollte man es anders machen? Hindern Abteilungen vielleicht mehr als dass sie sinnvoll sind?

Bis vor noch gar nicht so langer Zeit gab es bei den Tageszeitungen die Kollegen ‚von der schreibenden Zunft' – die tippten ihre Artikel in die Schreibma-

Erfolg ist freiwillig

schine. Dann gab es die Setzer, die tippten das Gleiche nochmal in die Setzmaschine. Dann gab es die Layouter, die den Satz hübsch auf der Seite anordneten, mit dicken Überschriften und manchmal einem Foto garnierten. Die Journalisten saßen oben im Büro, die Setzer unten im Betrieb bei den Maschinen, dort wo es laut war und stank.

Irgendwann kam mal wer auf die Idee, dass hier einer zu viel tippt. Wie wäre es, wenn man das zusammenfassen könnte? Zufällig (?) wurden dann auch noch die Computer eingeführt, und hier kommt wieder die Frage nach der Henne und dem Ei: Wurden die Programme geschrieben, weil ein Bedarf da war, oder gab es erst die Programme und dann entstand der Bedarf? Wie auch immer, beides passierte natürlich gleichzeitig – heute gibt es diverse Abteilungen gar nicht mehr. Der Journalist schreibt und setzt damit seinen Artikel, kümmert sich um das Foto und schließlich auch das Layout. Mit Unterstützung von Computern und schlauen Programmen, klar. Aber – und das war unser Thema – die Abteilungen sind weg. Grenzen, die man nicht braucht, können getrost fallen.

Überprüfen Sie ständig, ob Sie das Richtige tun!

Ob Sie das gut finden oder nicht, brauchen wir hier gar nicht erst zu diskutieren. Es sind einfach die ‚facts of life', mit denen wir zurechtkommen müssen. Die Ruhrkumpels haben umlernen müssen, die Schriftsetzer gibt es nicht mehr, Autos werden von Robotern zusammengeschweißt, Fotolabors machen dicht, ganze Berufsgruppen sterben aus, ohne dass Greenpeace einen Finger krumm macht – die digitale Revolution mischt unsere Welt ganz schön auf. Problem für die einen, Chance für die anderen, Herausforderung für uns alle. Wer nicht mit der Zeit geht, geht mit der Zeit!

Wer nicht mit der Zeit geht, geht mit der Zeit

■ *Artensterben*
1950 gab es 70.000 Apfelsorten in Frankreich.
Heute noch 10.

Aber darauf wollen wir nicht warten. Wir überlegen, mit welcher Organisationsstruktur wir unsere Ziele am besten in die Tat umsetzen können. Brauchen wir Abteilungen? Brauchen wir eine Buchhaltungsabteilung? Oder kann – um ein Beispiel zu bringen – jeder Mitarbeiter im Kundendienst sich von A bis Z um seinen Kunden kümmern, inklusive Erfassung aller Daten, die anschließend auf der Rechnung stehen werden? Könnten die Computerleute da nicht mal einen Vorschlag machen, wie man das integrieren kann? Schließlich sind die Zahlen auf dem Kostenvoranschlag und der Bestellung doch oft die gleichen wie auf der

3 Ziele mit Leben füllen

Rechnung. Warum muss man das dreimal eintippen? Wofür braucht man da eine Extra-Abteilung, die keinen Kontakt zu lebendigen Kunden mehr hat, sondern nur noch Zahlen sieht?

Think! war das Motto von Tom Watson. In Großbuchstaben: **THINK!** Thomas Watson, falls Sie es nicht wissen, war der Gründer von IBM.

‚Ab-teilungen' denken ‚abgeteilt' – muss das so sein?

Das Problem von Abteilungen ist nicht, ob sie gut funktionieren oder nicht, sondern dass Trennwände zwischen ihnen bestehen. Das sagt schon das Wort ‚Abteilungen': Einer teilt sich vom anderen ab. Meine Aufgabe, mein Kunde, meine Arbeit – halten Sie sich gefälligst da raus! Davon verstehen Sie nichts. Und dann haben wir den Turmbau zu Babel, wo jeder in einer anderen Sprache spricht und keiner den anderen mehr versteht. Die Verkaufsabteilung denkt in Abschlüssen, die Buchhaltung in Buchungszeilen und Sie in Cashflow und Kosten.

‚Setz dich auf den Stuhl des ‚anderen'!

Wenn die Sachbearbeiterin mal mitfahren würde zum Kunden, nur eine Woche oder wenigstens einen Tag, wenn sie sehen würde, wie man um jeden Auftrag kämpfen muss, wie viele ‚Neins' ein ‚Ja' kostet, wie oft man ‚fünfe gerade sein lassen muss', damit etwas läuft. Und wenn der Verkäufer mal eine Woche oder wenigstens einen Tag, am Bildschirm sitzen würde, vor diesem absolut unerbittlichen Programm, das nur A und B und C als Eingabe zulässt und sonst nichts, und sich damit herumschlagen müsste, die handschriftlichen Sondervereinbarungen und Anmerkungen und Ausnahmen umzusetzen und wieder und wieder rückfragen zu müssen..

Bauen Sie Brücken und investieren Sie in Verständnis!

Sie sind der Chef! Reißen Sie die Mauern nieder! Bauen Sie Brücken! Schaffen Sie Begegnungs- statt Reibungsflächen! Lassen Sie die Linke wissen, was die Rechte tut. Organisieren Sie Betriebsführungen für Ihre eigenen Mitarbeiter, nicht nur für die Besucher aus Japan. Machen Sie Austauschprogramme. Praktika. Investieren Sie in Verständnis.

Was das wieder kostet, höre ich Sie seufzen. Und Sie haben recht: das kostet. Aber haben Sie auch schon mal daran gedacht, was es kostet, wenn Sie es nicht tun? Die Stichworte für Ihre stillschweigende, alternative Kostenrechnung sind: Fluktuation, Ausbildungskosten, innere Kündigung, Krankheit, Fehlzeiten, Doppelarbeit, Stuhlbeinsägen, Intrigen, Dummy-Projekte, Sabotage, fristlose Kündigungen und Abgangsentschädigungen.

Erfolg ist freiwillig

■ ‚Aus dem Nähkästchen' – Der Mensch spielt eine untergeordnete Rolle

Heute gilt ein Mitarbeiter in den Augen seines Vorgesetzten als gut, wenn er stets anwesend oder zumindest erreichbar ist. Ein größeres mittelständisches Unternehmen verlangt z. B. (im Arbeitsvertrag festgeschrieben), dass die Mitarbeiter wochentags am Handy von 7 – 19 Uhr erreichbar sein müssen, Samstags bis 12 Uhr.

Weiterhin gilt als vorbildlich, wenn ständig Überstunden geleistet werden, natürlich ohne Bezahlung. Krankheit muss ein Tabu sein – der Chef ist ja auch nie krank.

Urlaub wird zwar genommen, aber selbstverständlich wird betont, dass man im Urlaub ständig erreichbar sein muss, denn das Handy ist ja weltweit funktionsfähig. Eine Unterbrechung des Urlaubs ist, wenn man nicht verreist ist, jederzeit möglich, wenn betriebliche Belange dies erfordern. Darüber entscheidet der Chef.

Die Interessen des Betriebes sind vorrangig. Persönliche Schicksalsschläge wie Scheidung, Tod des Partners oder Ähnliches werden beim Mitarbeiter im Sinne einer geduldeten Auszeit akzeptiert, aber das darf nicht zu lange gehen. Länger dauernde Krankheiten, deren Ende nicht absehbar ist (z. B. Depressionen, Magersucht, Alkoholismus et cetera) führen zur Entlassung unter Ausnutzung aller Tricks, wenn es sein muss. Gefragt ist nur die Leistung.

Die Mitarbeiter ihrerseits gewöhnen sich an das betriebliche Umfeld mit den beschriebenen Anforderungen und spielen oft über Jahre und Jahrzehnte mit, ohne zu murren – viele haben ja eine andere Arbeitswelt noch nirgendwo anders kennen gelernt, weil sie betriebstreu sind. Die Chefs auf der anderen Seite halten ihre Forderungen für total gerechtfertigt, denn auch sie haben oft noch nirgendwo anders gearbeitet. Sie kennen nur ihre selbst geschaffene Arbeitswelt und denken, sie sei die einzig richtige.

Auf diese Weise sind viele mittelständische Unternehmen in der ‚Waage' – eine scheinbar gegenseitige ‚Zufriedenheit' stellt sich ein. Auf längere Zeit gesehen aber werden die Mitarbeiter krank, weil sie

3 Ziele mit Leben füllen

ständig an der Lastgrenze arbeiten. Sie werden in der Regel vorzeitig ‚ausgemustert', wenn sie dem Stress nicht mehr standhalten können und damit den Leistungsanforderungen nicht mehr genügen. Man schaue nur die Statistik an, wie viele Arbeitnehmer über 55 Jahre noch voll aktiv im Arbeitsleben stehen, und man weiß Bescheid!

Mit-arbeiter oder Untergebener

Viele unserer Organisationsstrukturen stammen aus dem militärischen Bereich. Oben der Chef, und der hat Untergebene, die sind auch Chefs, aber eine Nummer kleiner, und die haben Untergebene, und die sind wiederum Chefs, aber noch eine Nummer kleiner, und so weiter.

Unsere Führungskultur hat militärische Wurzeln

Diese Struktur war sinnvoll, als man noch nicht so kommunizieren konnte wie heute. Der General stand auf dem Hügel und konnte nicht durch die Gegend brüllen – bei dem Krach – auch Schlachtenlärm genannt, hätte ihn ja niemand gehört. Es war einfach praktisch und mehr oder weniger gar nicht anders möglich, als dass der General seinen drei Obersten sagt: du gehst nach links, du kommst von rechts und du durch die Mitte. Und die ziehen ab und zitieren ihre Hauptleute zu sich und sagen ihnen: du schickst eine Kompanie an den Waldrand und die zweite gräbt sich in der Wiese ein und die dritte holt Verpflegung. Und die Hauptleute holen ihre fünf Leutnants her und erteilen ihre Befehle.

Heute könnte der General direkt den Leutnant anrufen und ihm sagen, dass die Brücke gut bewacht werden muss, weil sonst die Lastwagen mit den Brötchen nicht durchkommen, und das wäre ja nicht lustig, wenn die Soldaten Hunger hätten. Oder, noch einfacher: der Leutnant schaut im Computer nach, was heute sein Job ist, und dann macht er das. Stellt er jedoch fest, dass das alles nicht so klappt, wie sich der General das gedacht hat, weil nämlich a) die Brücke schon gesprengt ist oder b) sein Zug nur noch aus fünf müden Opas besteht, die sich kaum mehr auf den Beinen halten können, dann kann er das direkt dem General mitteilen, ohne mühselig den Dienstweg via Hauptmann und Oberst einzuhalten. Das geht viel schneller und der General hat sofort ein klares Bild von der Lage und kann ersatzweise ein paar Pizzas auf der Umgehungsstraße anliefern lassen.

Mit anderen Worten: Die gute alte ‚Top-Down-Struktur' ist hoffnungslos überholt. Wir brauchen weder einen General noch einen Leutnant noch einen

Erfolg ist freiwillig 3

Dienstweg. Wir brauchen keine Untergebenen mehr, denen wir Befehle erteilen, die sie nach unten weitergeben (wieso eigentlich ‚unten'?). Wir brauchen auch den Rückweg nicht mehr, bei dem wie beim ‚Stille-Post-Spiel' die Nachrichten von ‚unten' nach ‚oben' gemeldet und dabei zusehends abstrakter und oft bis zur Unkenntlichkeit entstellt werden.

Die ‚Top-Down-Struktur' ist hoffnungslos überholt

Heute ist alles viel einfacher geworden. Zumindest könnte es viel einfacher sein. Und bei immer mehr Unternehmen wird es auch in der Tat einfacher. Die hierarchischen Ebenen sind ein ‚alter Zopf', der nur Reibungsverluste schafft und viel Geld kostet. Es reicht völlig aus, wenn Sie *gleichberechtigte Mitarbeiter mit unterschiedlichen Funktionen* haben, die jederzeit wissen, was sie tun müssen, um die gemeinsamen Ziele zu erreichen.

Führung ist heute anders als gestern

So weit die Theorie. Wenn Sie heftig und unvoreingenommen darüber nachdenken, werden Sie mir möglicherweise zustimmen. In der Praxis jedoch können Sie nicht einfach morgen früh in die Firma gehen und fröhlich verkünden: Leute, ab jetzt wird alles anders! Alle Vorgesetzten sind keine mehr, alle verdienen das Gleiche, weil alle gleich wichtig sind. Jeder schaut im Intranet nach, was er heute tun soll, und dann ‚fluppt' das wie noch nie! Logisch, wenn Sie das tun, kann es passieren, dass wohlmeinende Ex-Untergebene die weißen Männer mit den Netzen nach Ihnen schicken und den Laden selbst in die Hand nehmen ‚um das Schlimmste zu verhüten'. Wie in einer Bananenrepublik.

Klar, so läuft das nicht. Von heute auf morgen schon gar nicht. Und ob es sinnvoll ist, irgendetwas übers Knie brechen zu wollen – ich habe da so meine Zweifel. Aber als Denkanstoß, langfristig, steter Tropfen, eines schönen Tages? In der Praxis wäre ja schon viel gewonnen, wenn Sie darauf achten würden, dass die Führungskultur in Ihrem Unternehmen einen positiven ‚Spin' hat: Das fängt an mit dem Respekt vor dem Mitarbeiter, jedem einzelnen, wo immer er/sie ihren/seinen Platz hat. Das heißt Verantwortung zu übertragen. Und das heißt nicht von oben herunter alle Regeln über Bord zu werfen und einfach hineinzuregieren.

Die Führungskultur braucht einen positiven ‚Spin'

Respekt vor dem Mitarbeiter

Immer wieder verblüffend: Da sitzen Mütter von pubertierenden Kindern aktiv im Elternbeirat und in Selbsthilfegruppen. Familienväter sind in der Lage Lebensversicherungen abzuschließen und bauen Häuser. Vorstände von Männerchören können Auslandstourneen planen und auch durchziehen. Und dann kommt ein ‚Vorgesetzter' und schreibt ihnen haarklein vor, was sie wie zu tun

3 Ziele mit Leben füllen

haben, wann und bis wann und wo. Nicht unbedingt warum. Als wären sie unmündige Kinder von einem anderen Stern, die mit großen Augen, ungläubig und ein bisschen tumb in die Welt starren. Die man anschieben muss und überwachen und korrigieren und kritisieren. Unglaublich!

Verantwortung übertragen – Vertrauen haben

Hier kommt ein Brocken, der vielleicht nicht so leicht runtergeht: *Man muss seinen Mitmenschen vertrauen!*

Hier die gute Nachricht:
Man kann seinen Mitmenschen vertrauen!

Und wenn es schief geht?

Machen Sie sich darum keine Gedanken: Es wird schief gehen! Manchmal. Selten. Sehr selten. In etwa 3 Prozent aller Fälle. Andersherum: Es geht fast immer gut. Von den 200 Arbeitstagen pro Jahr klappt es 194-mal wunderbar. An sechs Tagen geht etwas schief.

Übrigens: *Es geht auch dann schief, wenn Sie nicht vertrauen und alles selber machen!*

Reden Sie nicht hinein!

Vieles bleibt besser ungesagt. Ja, andere Menschen machen es anders als Sie. Vielleicht schlechter. Vielleicht besser. Immerhin: anders. Na und? Lassen sie Ihren Mitarbeiterinnen und Mitarbeitern ihren eigenen Weg, ihre eigene Methode, ihren eigenen Zeitpunkt. Hineinreden hilft selten weiter. Eigentlich ist Hineinreden nur ein Ausdruck Ihrer Angst.

Und wenn etwas gar nicht gut geht?

Wir schulen unseren Mitarbeiter, bis er es kann!

Ich hatte einmal das Privileg, mit einem Chefpiloten der Swissair (als sie noch so hieß) im Flugsimulator sitzen zu dürfen. „Hier", sagte er, „werden alle unsere Piloten regelmäßig von einem ‚Supervisor' geprüft. Er schaltet zum Beispiel ohne Vorwarnung ein Triebwerk ab oder lässt eine Hydraulikleitung platzen, und der Pilot muss mit dieser Situation fertig werden." „Und wenn er es nicht schafft?", fragte ich und dachte: „Na klar, dann fliegt er raus. Schließlich geht es ja um was." „Dann", war die Antwort, „dann schulen wir ihn, bis er es kann!"

Erfolg ist freiwillig

■ *Das große ‚No-No-Never'*
Was einfach nicht geht (No-Go's):

- *Spontane Störungen geplanter Betriebsabläufe durch den Chef – nach dem Motto: „Wasch mal mein Auto, hol mal Brotzeit, such mir mal rasch diese Unterlage raus oder stellen Sie mir sofort diese und jene Unterlagen aus dem Archiv zusammen."*
- *Direktionswagen auf Kundenparkplätzen, selbst bei Regen.*
- *Die Missachtung von Rauchverboten.*
- *Wenn sich ein Chef auf den Platz des Mitarbeiters setzt, und der Mitarbeiter muss derweilen stehen.*
- *Dass ein Chef seine Mitarbeiter ohne deren Einwilligung duzt.*
- *Der Chef entscheidet oder richtet über Dinge, deren Hintergrund er nicht kennt .*
- *Der Chef lässt seine Launen an Mitarbeitern aus.*
- *Vorgesetzte mischen sich spontan in Arbeitsabläufe ein: „Mach das so! Warum ist das noch nicht fertig? Das wird so gemacht!"*
- *Wenn ein Chef Termine von Besprechungen, Meetings, Besuchen et cetera nicht einhält und es nicht einmal für nötig hält, die Teilnehmer über Verspätungen, Verschiebungen, Ausfälle zu informieren.*
- *Dass ein Chef sich bei der Einhaltung von schriftlichen oder mündlichen Zusagen, Versprechungen, Abmachungen unzuverlässig zeigt.*
- *Wenn ein Chef grundsätzlich keine Verantwortung übernimmt: … „habe ich nie gesagt", … „das haben Sie missverstanden", … „wie kommen Sie denn da drauf.", … „so habe ich das nicht gemeint!", … „wir hatten das ganz anders besprochen!, … „wieso haben Sie das nicht so gemacht?", … „das ist doch klar, dass das so nicht gehen kann"!*

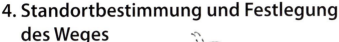

4. Standortbestimmung und Festlegung des Weges

Ach, da geht's lang …

Wieso werden GPS-Navigationssysteme immer beliebter? Ich nehme an, Sie haben auch eines. Der Grund ist simpel: Sie helfen Ihnen, Ihr Ziel zu erreichen.

Wie sie das machen? Erst einmal stellen die Geräte fest, welche Wege zum Ziel es gibt. Dann wählen sie den richtigen aus, wobei ‚richtig' heißen kann: der schnellste Weg, der kürzeste Weg, der sicherste Weg, sogar der schönste. (Mit den meisten POIs). Anschließend zerlegen sie die gewählte Route in Teilziele: Nach 100 Metern links abbiegen. Und dann schauen sie andauernd nach, ob sie noch auf dem richtigen Weg sind. Wenn nicht, meckern sie nicht dumm herum, sondern sind mit einem Vorschlag bei der Hand, wie man den Irrtum reparieren kann. Und zwar sofort!

Angenehm, so ein GPS. Wenn es eines für die Standortbestimmung und Steuerung eines Unternehmens gäbe, wäre es ein Bestseller. Bis es auf dem Markt ist, behelfen wir uns mit Bordmitteln. Schließlich ist nicht die Technik das Entscheidende dabei, sondern das Prinzip:

Bestimmen als Erstes Ihren Standort!

Wir müssen wissen, wo wir stehen!

Und ‚wir' – das sind nicht nur die Chefs, sondern auch und vor allem: die Mitarbeiter!

4 Standortbestimmung und Festlegung des Weges

Auch die schönste Motivation sackt bekanntlich sofort in sich zusammen, wenn man sechs Wochen lang Überstunden gemacht hat, um das Projekt trotz aller Schwierigkeiten und langer Gesichter zu Hause auf die Beine zu stellen und anschließend so beiläufig erfährt, dass alles für die Katz war. Jemand hat beschlossen, dass man es ja auch anders machen könnte. Mit einer solchen Aktion unterminieren Sie alles, was Sie bisher mühsam an Vertrauen und Goodwill aufgebaut haben. Denn Sie kommunizieren ganz klar, wie Sie Ihre Mitarbeiter wirklich sehen. Eben nicht als Mitarbeiter, sondern entgegen aller schönen Worte als Untergebene, die gefälligst tun sollen, was man ihnen sagt. Als Esel mit Scheuklappen. Schließlich werden sie ja dafür bezahlt.

Alle müssen den Standort kennen!

Böser Fehler! Sie müssen, ja sie müssen Ihre Mitarbeiter ständig auf dem Laufenden halten, wo sie stehen. Wo das ganze Unternehmen steht, die Abteilung, falls Sie diese noch haben, das Projekt, das Team, jeder Einzelne. Und zwar ehrlich und nicht schöngefärbt – auch und vor allem dann, wenn es irgendwo hakelt.

Seit vielen Jahren weiß man, dass Schulnoten ein ziemlicher Unsinn sind. Selbst in Mathematik, wo doch (sollte man meinen) die Ergebnisse eindeutig sind, können die Zensuren für die gleiche Arbeit je nach Lehrer um bis zu vier Stufen abweichen. Man weiß das und alle paar Jahre erfinden fortschrittliche Pädagogen, frisch von der Uni, das Rad neu und versuchen, die Schulnoten abzuschaffen. Aber sie werden nicht abgeschafft. Warum nicht? Weil die Eltern Sturm dagegen laufen. Und die Schüler auch, selbst die schlechten. Weil sie wissen wollen wo sie stehen. Im Vergleich zu den anderen.

Wir müssen wissen wo wir stehen.
Das ist ein menschliches Grundbedürfnis.

In manchen Berufen ist das einfacher als in anderen. Wenn Sie Limonade ausliefern haben Sie Ihr Ziel erreicht, wenn Sie alle vollen Kästen losgeworden sind. Dann dürfen Sie zufrieden mit einer Ladefläche voller leer klappernder Flaschen nach Hause fahren. Wenn Sie Maurer sind und das Haus steht, haben Sie Ihr Ziel erreicht, die Zwischenziele sind in Mauern zu zählen und in Stockwerken. Aber wenn Sie Personalsachbearbeiterin sind, bekommen Sie Ihren Schreibtisch nie leer. Immer wenn Sie denken, jetzt hätten Sie es dann bald, schmeißt Ihnen jemand einen neuen Stapel dringender Jobs ins Eingangskörbchen. Und wenn Sie Gebrauchtwagen verkaufen müssen, wird Ihr Hof nie leer, weil immer wieder Nachschub kommt. Woher sollen Sie dann wissen, ob Sie Ihr Ziel erreicht haben? Sie haben nichts Konkretes, an dem Sie sich festhalten kön-

Erfolg ist freiwillig 4

nen. Das nennt sich ‚Sisyphus-Arbeit' und wurde mal als Strafe erfunden. Falls Sie sich nicht mehr so genau daran erinnern, wer Herr Sisyphus war: So ein alter Grieche, König von Korinth, ein rechtes Schlitzohr, der sogar den Todesgott Thanatos austrickste und dadurch viel länger lebte, als ihm eigentlich zugestanden hätte. Zur Strafe musste er einen großen Felsbrocken einen Berg hinaufrollen. Und wenn er fast oben war, kullerte das Ding wieder herunter und Sisyphus musste wieder von vorn anfangen. Und wenn er nicht gestorben ist (und das kann er nicht), dann rollt er heute noch.

Diese Frustration wollen wir unseren Mitarbeitern jedoch tunlichst ersparen und sagen ihnen daher, wie viel sie bisher erreicht haben und ob sie sich auf dem rechten Weg befinden. Damit sie wissen, wo sie stehen!

Bei Chefs beliebt – bei Mitarbeitern manchmal weniger – sind die so genannten ‚Kick-off-Days'. Anfang des Jahres werden die Zähler ‚auf null' gestellt – der Chef hält eine zündende Ansprache. Manchmal kommt ein Einpeitscher mit drahtlosem Mikrofon und macht Aufbruchsstimmung. Yeah, Yeah, Yeah! Und das soll dann den rechten Kick geben für einen Superstart in ein Superjahr, mit Superumsätzen und Supergewinn! Schon recht, aber das ist kein Ersatz für redliches Orientieren. Auch kann darin eine große Frust-Quelle liegen. Wie gern hätten Sie es denn, wenn Ihre Arbeit vom Vorjahr, Ihre Leistungen und Ergebnisse erst einmal von der Tafel gewischt werden, als wäre nie was gewesen? Mir wäre das eigentlich nur recht, wenn ich so richtig miserabel gewesen wäre. Aber war ich das? Ich glaube kaum. Und selbst wenn ich die Ziele nicht erreicht habe, dann habe ich sie *noch* nicht erreicht. Aber es war nicht einfach nix.

Vorsicht bei ‚Kick-off-Days'!

■ *‚Aus dem Nähkästchen' – Kick-off-Days*

Es fällt auf, dass viele Firmen in ihren Jahresberichten, bei Hauptversammlungen oder in Pressenotizen immer nur die Schokoladenseite des Unternehmens darstellen. Da hat die Firma wieder enorme Umsatzzuwächse erzielen können, die Geschäftstätigkeit wurde durch Erschließung neuer Märkte ausgeweitet, die Übernahme von Konkurrenzunternehmen hat den Marktanteil um x Prozent gesteigert, und die weiteren Aussichten seien so positiv einzustufen, dass die Marktführerschaft in ‚greifbare Nähe' gerückt sei. Die gestartete ‚Produktoffensive' würde einen weiteren Umsatzsprung initiieren und die Arbeitsplätze langfristig sichern usw. usw.

4 Standortbestimmung und Festlegung des Weges

Quasi im Nebensatz wird verkündet, dass der Gewinn allerdings leicht rückläufig sei, weil die ‚Währung, die Rohstoffe, das Öl und andere Markteinflüsse' unvorhersehbar die Gewinnmarge verkürzt hätten. Das sei aber nur eine kurzfristige Erscheinung – die Tendenz sei wie immer stark nach oben gerichtet. Alles sei im ‚grünen Bereich', und man sei zuversichtlich, nächstes Jahr den Gewinn verdreifachen zu können. (Man beachte, dass hier lediglich Wünsche und Vorstellungen geäußert werden, keine Ziele. Beides wird aber häufig durcheinander gebracht!)

Es ist nur zu verständlich, dass die Unternehmen diese Darstellung der Geschäftstätigkeit ihres Unternehmens wählen, weil sie fürchten, die Wirklichkeit würde die Märkte, die Kunden und Lieferanten unruhig machen und sich geschäftsschädigend auswirken.

Die Mitarbeiter haben allerdings in Meetings, Betriebsversammlungen und Rundschreiben erfahren, dass die Situation des Unternehmens drastische Einschränkungen bei den Kosten erfordere. So müssten Budgets zusammengestrichen werden, beispielsweise bei den Reisekosten oder bei der Aus- und Weiterbildung. Gehaltserhöhungen seien auf nächstes Jahr verschoben. Das Weihnachts- und Urlaubsgeld sei gekürzt oder gestrichen worden, und bei den Mitarbeitern über 55 Jahren seien vorzeitige Ruhestandsregelungen geplant. Die Mitarbeiter erleben, dass schon lange niemand mehr eingestellt wurde – im Gegenteil Planstellen gestrichen werden und ihre Arbeitsbelastung ständig zunimmt, was intern als Rationalisierung ‚verkauft' wird. Wenn sie dann noch lesen oder von Außenstehenden hören müssen, wie gut es ihrem Unternehmen geht, wie sicher doch ihre Arbeitsplatz seien und wie gut die Zukunftsaussichten der Firma, dann steigt die kalte Wut in den Mitarbeitern hoch!

Sie, die das Rückgrat der Firma bilden, müssen in Wahrheit jeden Tag erleben, wie ums Überleben gekämpft wird, welche Belastungen sie tragen müssen, weil zum Beispiel keine Maschinen erneuert werden, die EDV schon seit fünf Jahren veraltet ist, für Dienstreisen der Privat-Pkw hergenommen werden muss, die Sozialleistungen wie Dienstkleidung oder bezuschusstes Mittagsessen gestrichen oder gekürzt werden. Die Monatsgehälter werden manchmal erst am 5. des

Monats überwiesen, unbezahlte Überstunden werden verlangt (und natürlich geleistet), die Nervosität des Managements (wegen drückender Sorgen) verhindert jeden wertschätzenden Umgang mit der Belegschaft, das Betriebsklima ist entsprechend katastrophal und der Alltag im Betrieb daher fast nicht mehr auszuhalten. Das ist die Realität und das wirkliche Bild, das die Mitarbeiter von der ‚Spitzenfirma' täglich erleben dürfen!

Sicher wäre es von Vorteil, wenn die Situation des Unternehmens vom Management nach außen hin ehrlicher dargestellt würde. Damit wäre auch gleichzeitig das Eingeständnis eines nicht so guten Geschäftsverlaufes und die Übernahme der Verantwortung von der Geschäftsleitung gegeben, was von den Mitarbeitern sicher positiv erlebt wird, weil sie sich in der Darstellung der Lage einigermaßen realistisch wiederfinden. Die fast immer gewählten Worthülsen, die leeren Begriffe, die Allgemeinplätze und die Übertragung der Verantwortung für Misserfolg auf nicht greifbare Gründe, in die ein feiges und überfordertes Management sich so gerne flüchtet, trägt nicht zur Vertrauensbildung in das Unternehmen bei. Und der Schaden trifft wie immer alle!

Fehlermanagement

Irren ist menschlich – und ebenso menschlich ist es, wenn wir versuchen unsere Irrtümer und Fehler unter den Teppich zu kehren. Leider haben sie da gar nichts zu suchen, denn mit Fehlern kann man eine Menge Geld verdienen! Wie? Indem man sie eben ganz bewusst nicht unter den Teppich kehrt! Indem man sie aufschreibt und analysiert. Indem man Systemfehler von Pannen trennt. Indem man etwas ändert, so dass die Fehler in Zukunft nicht mehr auftreten können.

Jeder Fehler, der so vermieden wurde, ist eingesparte Zeit, eingesparter Frust, eingesparte Doppelarbeit, eingespartes Geld. Daher ist Fehlermanagement so wichtig.

Fehlermanagement als ‚Wegweiser'

Klar, das ist ein Gebiet bei dem Sie Fingerspitzengefühl brauchen. Wenn der Fritz nicht aufpasst und seinen Bagger durch die frisch gemauerte Wand fährt, gehen Sie erst einmal die Decke hoch. Nein, da brauchen Sie nichts zu unter-

4 Standortbestimmung und Festlegung des Weges

drücken und runterzuschlucken und freundlich zu tun und auf ‚Joe Cool' zu machen – eine zusammengerammelte Mauer passt unter keinen Teppich. Sie sind sauer, und Fritz ärgert sich auch über sich selbst. Es ist eben passiert. Fertig!

Etwas anderes ist es, wenn Fritz das morgen schon wieder macht. Und übermorgen auch. Dann ist ja wohl gewaltig der ‚Wurm drin', und man sollte sich schon fragen, woran es liegt: Steht die Mauer am falschen Platz? Hat der Bagger keine Bremsen? Braucht Fritz eine Brille? Natürlich ist das ein drastisches Beispiel. In Wirklichkeit handelt es sich, das wissen Sie ja, um diese winzigen Kleinigkeiten, die einzeln gesehen nicht weiter schlimm sind. Jeden Morgen, wenn ich meine E-Mails abholen will, funktioniert es nicht. Ich muss erst das Programm schließen und dann wieder starten. Ich habe mal ein wenig herumgefragt bei den KollegInnen – offenbar geht es allen so. Nicht schlimm, nur lästig. Aber wenn 100 Mitarbeiter jeden Tag drei Minuten mit diesem Quatsch verlieren, sind das fünf Stunden pro Tag oder über 1.000 Arbeitsstunden pro Jahr. Wie viel kostet eine Stunde?

Fehlermanagement heißt, dass Sie als Chef dafür sorgen, dass derartige Kleinigkeiten emotionslos und systematisch gemeldet und gesammelt werden. Denn dann können Sie reagieren: Zum Beispiel einfach dem zuständigen IT-Verantwortlichen sagen, dass er das doch bitte beheben möge. Was vermutlich kein Problem ist und nicht mal eine Stunde kostet.

Ziele können sich ändern

Ziele zu haben heißt nicht, dass Sie sich sklavisch daran halten müssen. Selbstverständlich dürfen Sie ab und zu etwas ändern. Manchmal müssen Sie es sogar, weil der Markt oder die Bank oder ein wichtiger Kunde es verlangen. Manchmal muss es auch richtig schnell gehen, so dass keine Zeit bleibt alle Beteiligten in den neuen Zielfindungsprozess einzubinden. Bei Sturm und Mastbruch, bei Not am Mann, lädt der Kapitän nicht zum Palaver ein, sondern gibt klare Befehle!

Aber klare Befehle sind eine Form der Kommunikation. Als Skipper müssen Sie sagen, was zu tun ist. Das Schlüsselwort ist ‚sagen'. Sich auf der Brücke einschließen und einfach das Ruder herumwerfen und keiner weiß Bescheid – da kriegen Sie die Meuterei auf der Bounty!

Müssen Sie ständig improvisieren?

Außerdem ist selten Not am Mann. Wenn das bei Ihnen nicht selten ist, sondern Dauerzustand, dann machen Sie etwas falsch. Dann sollten Sie wirklich erst einmal Anker werfen und nachdenken und sich ganz neue Ziele setzen. Im Normalzustand also, wenn alles mehr oder weniger im Fahrwasser läuft, dann haben Sie die Zeit (oder sollten Sie sich nehmen), die Abweichungen von der Idealroute zu analysieren und neue Teilziele zu definieren – in Zusammenarbeit mit dem Team und mit den betroffenen Mitarbeitern.

Denken Sie daran: Operative Hektik ist ein Warnzeichen für schlechte Organisation!

5. Meetings und Teamarbeit

Es gibt Teamarbeit und Teamarbeit!

Die eine ist von der Sorte ‚Quatschbude'. Eine Hand voll Menschen unterschiedlicher Qualifikation trifft sich bei Kaffee und Sprudel und ‚diskutiert ein Thema an'. *Oft wird es veranstaltet von einem, der das Sagen hat, obwohl er nichts zu sagen hat und daher den Input von anderen braucht, bevor er mit seiner ‚Idee' eine Etage höher geht.* Keiner weiß so genau, worum es geht – angeblich braucht man das auch nicht zu wissen, denn heute sind wir mal kreativ. Es gibt niemand, der die Veranstaltung moderiert. Moderiert? Wir sind doch nicht beim Fernsehen! Es gibt kein Ziel, es gibt keine klaren Aufgaben, es gibt nicht einmal einen Zeitrahmen. Open end, der Schrecken aller Leute, denen ihre Zeit kostbar ist. Es kommt auch nicht viel dabei heraus, außer dass fast alle Teilnehmer das Gefühl haben, wieder ein paar Stunden ihres Lebens vergeudet zu haben. Einer jedoch, der Veranstalter, hat sich schlau gemacht und brauchte nicht mal eine Sekunde dabei nachzudenken. Geistige Ausbeutung nennt man das!

‚Besprechung' und ‚Kultur'

Und dann gibt es die Teams, bei denen jeder genau weiß, was Sache ist. Das sind die Teams, die den America's Cup gewinnen. Da sitzt jeder Handgriff, und jeder kann sich auf den anderen verlassen. Und selbst wenn sie nur Zweite werden, war allein die Fahrt ein Erlebnis, das man sein Leben lang nicht vergisst. Das ist Teamarbeit, die süchtig macht!

Teamarbeit kann süchtig machen!

Bevor der Konferenzraum betreten wird, weiß jeder genau was von ihm erwartet wird. Jeder ist vorbereitet. Jeder weiß, was das Ziel ist. Es gibt einen Mo-

5 Meetings und Teamarbeit

Teamarbeit ist kreativ, effektiv und wertvoll – wenn man die ‚Spielregeln' einhält.

derator, der dafür sorgt, dass alle zu Wort kommen, auch wenn sie neu in der Firma sind oder – seien wir doch ehrlich – eine Frau. Und der Moderator ist nicht der Chef, sondern einer, der moderieren kann. Es gibt eine Agenda, die eingehalten wird. Die Zeit wird nicht mit Hahnenkämpfen vertan, sondern in konzentrierter, zielorientierter Arbeit genutzt. Beiträge werden nicht bewertet, sondern aufgeschrieben. Was uns jetzt dumm vorkommt, kann einfach zu früh gesagt worden sein. Kutschen ohne Pferde waren mal eine höchst lächerliche Idee. Abwürgen von Ideen heißt Kapital vernichten, und dass man die Lacher auf seiner Seite hat, heißt noch nicht, dass man Recht hat. Kreativität ist ein zartes Pflänzchen, das gehegt und gepflegt werden und unter einen Glassturz gestellt werden muss wie die Rose im ‚Kleinen Prinz'.

> ■ *‚Aus dem Nähkästchen' – Der kleine Prinz*
>
> *‚Der kleine Prinz' von Antoine de Saint-Exupéry – Sie sollten ihn ruhig mal wieder lesen. So ein kluges Buch voller Lebensweisheit kriegen Sie nicht so schnell wieder in die Hände. Und wenn Sie sich ganz etwas Gutes tun wollen, dann lesen Sie Ihrer/Ihrem Liebsten und/oder Ihren Kindern jeden Tag ein Kapitelchen daraus vor.*

Da Sie der Chef sind, haben Sie die freie Auswahl, in welchem Team Sie sein möchten. Sie machen das Klima in Ihrem Betrieb. Niemand hindert Sie, einfach mal unangemeldet in eine Sitzung zu gehen, sich still in eine Ecke zu setzen und freundlich zuzuhören. Nur ein kleines Viertelstündchen. Sie werden Ohren machen!

Und weil wir gerade bei den etwas ungewöhnlicheren Varianten der Teamarbeit sind: Meetings sind kein Statussymbol! Auf Deutsch heißt das, dass es keine Auszeichnung ist, zu einer bestimmten Sitzung eingeladen zu werden. Es ist auch weder Warnzeichen noch Bestrafung, nicht auf der Liste zu stehen. Ich weiß, ich weiß – in der Praxis ist das meist ganz anders. Wie viele Menschen verbringen heute eine schlechte Nacht, nur weil sie morgen nicht zu einem Meeting kommen dürfen/sollen. Hat man mich vergessen? Bin ich out? Brauchen sie mich nicht mehr? Wer will meinen Platz?

Das ‚Meeting' ist ein Arbeitsinstrument!

Sie sind der Chef, und bitte, bitte (!) sorgen Sie dafür, dass Meetings zielorientierte Arbeitsinstrumente sind, nicht mehr und nicht weniger. Kein Kampfplatz und keine Auszeichnung, kein Rangabzeichen und kein Intrigenklüngel. Der Titel dieses Buches heißt: ‚Erfolg ist freiwillig' und Sie lesen es, weil Sie Erfolg haben wollen. Wenn Sie frischen Wind in Ihre Teamarbeit bringen, sind Sie einen Riesenschritt weiter. Alinghi oder Ausflugsdampfer – Sie haben die Wahl!

Wenn Sie ein Zeichen setzen wollen, dann nehmen Sie auch Auszubildende in Ihr Team. Möglicherweise tragen sie noch nicht so viel bei wie ein erfahrener Profi. Aber erstens lernen sie was (und das ist ja im Moment ihr Job: Lernen), zweitens bringen sie die Gesichtspunkte von jungen Menschen in die Diskussion, und da das unsere Zukunft ist, sollte es uns nicht so von oben herab egal sein. Drittens machen Sie damit den Auszubildenden klar, dass Sie sie ernst nehmen. Und viertens wird für jeden offensichtlich, dass dieses Team keine elitäre Veranstaltung für die ‚Großkopferten' ist. Und fünftens schließen Ihre Mitarbeiter daraus messerscharf, dass Sie ein kluger Chef mit Weitblick sind. Wär doch nicht schlecht, oder?

6. Alles, was man so braucht

Wer anderen eine Grube gräbt, braucht einen Bagger dazu oder wenigstens eine Schaufel. Wer Kunden anbaggern soll, braucht keinen Bagger sondern ein Auto, ein Notebook und ein Telefon. Wer den Hof kehren soll, dem müssen Sie schon einen Besen in die Hand drücken. Das sind doch alles Selbstverständlichkeiten, sagen Sie? Nicht immer. Nicht überall. Aber von den Basismaterialien – moderne, sichere, praktische Arbeitsplätze, anständiges Werkzeug, gutes Material – mal abgesehen, gibt es ja auch noch andere Dinge, die Ihre Mitarbeiter brauchen. Ein Pinsel macht ja noch keinen Maler!

Ausbildung

Man braucht nicht nur die technischen Hilfsmittel, sondern auch die Kenntnisse und Fähigkeiten. Und man muss erst einmal lernen, damit umzugehen. Manche mögen geborene Verkäufer sein, aber deswegen kennen sie sich noch lange nicht in den technischen Feinheiten ihrer Produkte aus. Manche können sicherlich den Besen halten, verteilen den Dreck aber nur gleichmäßig, statt ihn loszuwerden, einfach, weil ihnen nie jemand gezeigt hat, wie man anständig kehrt.

> ■ *Kleine Weisheit am Rande:*
> *„Die Treppe wird von oben gekehrt"*

Weiterbildung

Wir leben in einer schnelllebigen Zeit, in der sich eine Menge ändert, jeden Tag und im ‚Schweinsgalopp'. Kaum haben Sie gelernt, wie Sie Ihren Computer bedienen, kommt eine neue Software heraus. Sobald Sie sicher sind, wie man

6   Alles, was man so braucht

irgendetwas macht, werden die Richtlinien, Vorschriften und Gesetze geändert. Mehr und mehr Menschen kommen gar nicht mehr mit – oft einfach deswegen, weil sie mit diesen raschen Veränderungen allein gelassen werden. Was tun? Rauswerfen? Junge Leute einstellen?

Weiterbildung hilft weiter!

Wäre eine Möglichkeit. Eine teure dazu. Einfacher ist es, Sie organisieren Weiterbildungsprogramme. Es gibt wunderbare Seminare und Trainer zu allen möglichen und unmöglichen Themen. Es lohnt sich, wenn Sie sich mal ein paar davon anschauen. Dann merken Sie gleich, was für Sie und Ihre Mitarbeiter gut ist. Gute Schulung heißt, dass Sie vom Lehrgeld anderer vor Ihnen profitieren. Das Unkraut haben schon andere gejätet. Sie brauchen mit Hilfe des Trainers nur noch zu ernten. Das geht schnell, motiviert und macht sicher.

> ■ *Veränderungen machen Angst*
>
> *Immer mehr Menschen machen die raschen Veränderungen in unserer Welt massiv Angst. In Frankreich hat sich in den letzten 10 Jahren der Verbrauch von Anxiolytika (das sind Medikamente gegen Angst) verdoppelt. In Deutschland leiden 2,3 Millionen Menschen an krankhafter Angst. 27 Prozent der Patienten von Hausärzten sind davon betroffen. In den USA sind es 19 Millionen Menschen, also fast 10 Prozent der Bevölkerung. Die unmittelbaren Krankheitskosten dafür beliefen sich auf 46,6 Milliarden Dollar (Stand 2000).*

Informationen

Wer Kühe melken will, muss sie füttern!

Informationen über den Markt, über den Wettbewerb. Über Trends. Die Quelle können Fachzeitschriften sein, aber auch Marktstudien, Konkurrenzbeobachtung, auch die Teilnahme an Tagungen und Kongressen liefert wertvolle Informationen. Das kostet Geld, das Sie einplanen müssen. Das kostet aber auch Zeit, die Sie Ihren Mitarbeitern geben müssen. Am Schreibtisch sitzen und lesen ist nicht Nichtstun. Und sich informieren, am Ball bleiben, ist keine Freizeitbeschäftigung. Sie können Kühe nicht nur melken. Sie müssen sie auch füttern!

Personalkapazität

Die gute alte Dreisatzaufgabe: Drei Arbeiter brauchen 1 Tag, um ein Loch zu schaufeln. Wie viele Arbeiter braucht man, wenn man 3 Löcher am Tag schaufeln muss? In der Schule haben Sie brav „Man braucht 9 Arbeiter" hingeschrieben. Gut so. Aber die Antwort ist trotzdem falsch. In Wirklichkeit brauchen Sie zehn, weil immer einer krank ist oder Brötchen holen muss oder Urlaub hat oder an Unlust leidet. Und schon waren es nur noch neun. Planen Sie genügend Kapazität ein!

Investitionen

Man kann besagtes Loch von besagten zehn Arbeitern per Hand schaufeln lassen. Man kann aber auch einen Bagger kaufen und einen Baggerführer anheuern. Zwei – einer könnte ja mal krank werden. Richtig? Kann sein. Ob das so richtig ist, hängt von den Umständen ab. Auf jeden Fall sollten Sie die Entscheidung nicht nur Ihrem Taschenrechner überlassen.

Denken Sie auch an so etwas wie Folgekosten. Manche Investitionen haben keine, manche können Ihnen graue Haare bereiten. Das ist wie beim Segeln: So ein Boot kann man sich kaufen, die gibt es in jeder Preisklasse. Aber dabei bleibt es ja nicht. Man braucht einen Liegeplatz (der Geld kostet) oder einen Abstellplatz (der Geld kostet) und ein starkes Auto (das Geld kostet), mit dem man den Trailer (…) ziehen und zu Wasser lassen kann, und man wird Mitglied im Segelclub (…) und lädt seine neu gewonnenen Freunde ein (…) und fährt im Sommer in ein schönes, sonniges Segelrevier (…), mitsamt der Familie (…) und wenn die keine Lust mehr hat, dann eben mit den Freunden (…). Und weil das so ist, stehen so viele Segelboote zum Verkauf!

Denken Sie an die Folgekosten und stellen Sie keine ‚Milchmädchenrechnung' auf!

Da gibt es natürlich auch noch andere Gesichtspunkte. Ein Bagger (eine Maschine, ein Computer) lohnt sich eigentlich nur, wenn er andauernd gebraucht wird. Mit anderen Worten: Wer nur einmal im Jahr Löcher buddeln muss, heuert besser für eine Woche ein paar Helfer an. Mit einer neuen Maschine sind Sie von heute auf morgen in einer ganz anderen Kapazitätsklasse: Gestern noch waren sie voll ausgelastet, heute liegt die Auslastung bei zehn Prozent. Klar, dass Sie sich sagen, dass da einfach mehr Aufträge hermüssen. Woher nehmen? Mehr Werbung machen? Neue Verkäufer einstellen? So weit – so gut, so lange es läuft. Wenn nicht, sitzen Sie mit den Mehrkosten für einen Bagger, zwei Baggerführer, drei Verkäufer und eine Werbekampagne da. Ich würde mal sagen, ohne groß nachzurechnen, dass Sie das teurer kommt als die zehn Helfer. Und Deutschland hätte zehn Beschäftigte mehr!

Was für Bagger gilt, gilt für alle Investitionen. Investitionen müssen sein. Aber entscheiden Sie nicht aus dem Bauch heraus. Derjenige, der am lautesten schreit

6 Alles, was man so braucht

ist nicht unbedingt der, der am dringendsten den neuen Computer braucht. Nicht jede Investition ist eine Rationalisierungsmassnahme und nicht jede Rationalisierung ist sinnvoll. Oft verlagern Sie nur die Probleme und die Kosten. Und – wenn Sie Pech haben, verlagern Sie auch Ihren Gewinn – in die Taschen Ihrer Bank.

7. Betriebsklima

„Hier bin ich gern,
hier geht's mir gut"

Was ist ein angenehmes Betriebsklima? Muss man sich dazu morgens in der Kantine sammeln, bei den Händen fassen und jubeln: „Fröhlich sei das Kaffeetrinken?" Muss man die Firmenfahne hissen, alle stramm stehen lassen und dann blechern die Firmenhymne aus dem Lautsprecher blasen? Und alle singen mit? Muss man sich alle Viertelstunde hintereinander aufstellen und sich gegenseitig die ‚abjestrappsten' Nackenmuskeln massieren? Rümpfen Sie nicht die Nase – manche halten das alles gar nicht für absurd, sondern der Weisheit letzter Schluss. Seitdem China durchlässigere Grenzen hat, dürfen auch Journalisten mehr berichten. Kürzlich sah ich in einer Reportage, wie eine ‚14-Stunden-pro-Tag-Hosenzuschneiderin' interviewt wurde. Ein Mädchen, das vom Land in die Fabriken gekarrt wurde, dort im Mädchenwohnheim hauste, zu ich weiß nicht wie viele in einem Zimmer. Sie machte keinen glücklichen Eindruck. Auf die Frage, was sie von ihrem Leben erwarte, antwortete sie in vollem Ernst: Sie möchte noch mehr zum Wohlergehen ihrer Firma beitragen. Und sie meinte es auch so.

So was wünscht man sich doch, oder?

Na ja, vielleicht nicht ganz. Aber wenn sich die Mitarbeiter mehr mit dem Unternehmen identifizieren würden, dann wäre das schön.

Das Meinungsforschungsinstitut ‚Gallup' hat im Sommer 2003 die Deutschen nach ihrer Arbeitszufriedenheit gefragt. Diese repräsentative Studie hatte ein niederschmetterndes Ergebnis:

- 18 Prozent der Arbeitnehmer haben innerlich gekündigt
- 70 Prozent machen ‚Dienst nach Vorschrift'
- nur 12 Prozent sind engagiert bei der Sache.

7 Betriebsklima

Innerhalb Deutschlands sind regionale Unterschiede erkennbar. In den ostdeutschen Bundesländern dümpelt die Motivation zu engagierter Arbeit bei mageren zehn Prozent. In Bayern und Baden-Württemberg, den beiden deutschen ‚Musterländle', die – wen wundert's – auch wirtschaftlich an der Spitze liegen, liegt sie bei 14 Prozent. Der Rest kommt auf besagte 12 Prozent.

Aber es geht weiter: In einer ähnlichen Studie (siehe Grafik) aus dem Jahr 2005 fragte ‚Gallup' Arbeitnehmerinnen ab 18 Jahre, ob sie die Produkte ihrer Firma ihren Freunden und Familienangehörigen empfehlen würden. Die Antwort hing ganz eindeutig von der emotionalen Bindung an das Unternehmen ab. War sie hoch, sagten 71 Prozent ‚ja' – war sie niedrig, nur noch 20 Prozent. Peinlich, nicht?

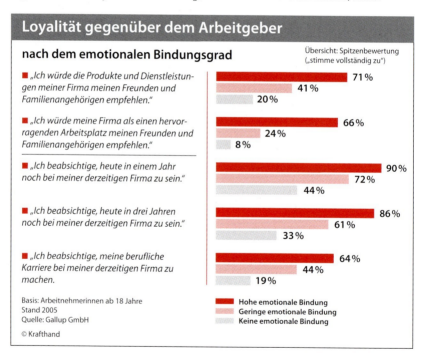

Schlechte interne Kommunikation demotiviert!

Was sind die Ursachen, wollten die Meinungsforscher wissen. Der wichtigste Grund waren Mängel in der Kommunikation zwischen Unternehmensführung und Mitarbeitern. Ein gewisser Einfluss sei auch der schlechten Wirtschaftslage zuzuschreiben, heißt es. Und wie sieht es in anderen Ländern aus? In den Vereinigten Staaten liegt die engagierte Mitarbeit der Arbeitnehmer bei 30 Prozent, in Kanada bei 24 Prozent. Japan kommt trotz Firmenfahne und abendlichem Abteilungskneipenbesuch auf magere neun Prozent und liegt damit noch hinter Deutschland. Schlusslicht ist Frankreich mit ‚müden' sechs Prozent. Der gesamtwirtschaftliche Schaden aufgrund fehlender Arbeitsmotivation in Deutschland wird zwischen 247 und 260 Milliarden Euro jährlich geschätzt.

■ *Die Wahrheit über Ihren Betrieb ist, was der Mitarbeiter abends seiner Frau erzählt. Nicht das, was er tagsüber im Betrieb sagt.*

Unter dem Strich heißt das alles doch ganz eindeutig, dass das Schaffen eines guten Betriebsklimas Ihr Job Nr. 1 ist als Chef. Mit zufriedenen und motivierten MitarbeiterInnen sparen Sie nicht nur ein Vermögen, sondern nehmen auch noch mehr ein. Und der Witz dabei: Es kostet Sie nicht mal etwas. Für das Betriebsklima ist kein Posten im Budget vorgesehen. Und wie macht man das? Eigentlich brauchen Sie nur dafür zu sorgen, dass in Ihrem Betrieb auf allen Ebenen folgende zehn goldene Regeln beherzigt werden:

Ein gutes Betriebsklima kostet Sie nichts!

- Der Vorgesetzte muss vertrauenswürdig, diszipliniert und dadurch berechenbar sein.
- Das persönliche Wohl seiner Untergebenen muss ihm am Herzen liegen.
- In seinen Entschlüssen darf er nicht zögern.
- Er muss geduldig unterrichten können.
- Er soll taktvoll sein und seinen gesunden Menschenverstand gebrauchen.
- Er soll seine Stellung nicht betonen.
- Den Tüchtigen soll er loben, aber Fehler nicht ignorieren.
- Er soll robust und sicher auftreten.
- Seine gute Erziehung soll man ihm immer anmerken können.
- Der Vorgesetzte muss Mut und Sinn für Humor haben.
- Er soll stets unparteiisch und fair handeln.

Vielleicht haben Sie ein gesundes Misstrauen gegenüber ‚goldenen Regeln'. Mir geht es nicht anders. Falls es Sie interessiert, woher diese Regeln stammen: Sie sind durchaus nicht ‚auf meinem Mist' gewachsen. Es sind nicht einmal Regeln. Sondern es sind Antworten aus einer großen statistischen Erhebung. Antworten, die Soldaten der US-Army auf die Frage gegeben haben: „Wie wünscht sich ein Soldat seinen Vorgesetzten?". Und das war vor 40 Jahren. 1967. Und sie stimmen noch heute, oder?

7 Betriebsklima

■ *Checkliste – Führungspersönlichkeiten zeichnen sich vor allem durch folgende Eigenschaften aus:*

- Sie hören nie auf zu lernen. (Sie lesen, sind neugierig und möchten den Dingen auf den Grund gehen.)
- Sie handeln für andere. (Sie denken und handeln für und mit anderen.)
- Sie strahlen positive Energie aus. (Beispielsweise gelassene Heiterkeit, Begeisterungsfähigkeit, Zuversicht.)
- Sie glauben an andere Menschen und an das verborgene Potenzial in ihnen.
- Sie sind mit sich im Gleichgewicht. (Keine sklavische Unterwerfung, sondern arbeiten und leben, die Zukunft planen und sich flexibel an veränderte Umstände anpassen.)
- Sie sehen das Leben als ein Abenteuer. (Sie wissen nicht, was sie erwartet, aber sie glauben daran, dass sie etwas Aufregendes erleben, neue Gebiete entdecken und neues Wissen erschließen.)
- Sie ermöglichen Synergie. (Sie leben das Prinzip: „das Ganze ist mehr als die Summe seiner Teile.")
- Sie bemühen sich um Selbsterneuerung. (Sie üben sich in den vier Dimensionen der menschlichen Persönlichkeit: körperlich, geistig, emotional und spirituell.)

(Quelle: Covey: ‚Die effektive Führungspersönlichkeit')

Erfolg ist freiwillig **8**

8. Motivation der Mitarbeiter

**Mitarbeiter sind motiviert,
wenn sie eingestellt werden!**

Motivation funktioniert nicht dauerhaft über Geld. Die Wirkung einer Bonuszahlung für besondere Leistung hält nur wenige Wochen an. Motivation ist viel mehr eine Frage der inneren Haltung gegenüber Mitarbeitern. Es wäre viel erreicht, wenn sich Führungskräfte in die Schuhe ihrer Mitarbeiter versetzen und sich fragen würden, wie sich alles aus deren Sicht anfühlt. Wenn Sie Fräulein Müller nur in ihrer Rolle als Arbeitskraft sehen, die A und B und C bis zehn Uhr zu erledigen hat, dann läuft das so nicht. Fräulein Müller ist keine Maschine, sondern ein Mensch, der sich als Kind überlegt hat: Was will ich einmal werden? Wie will ich mein Leben leben? Fräulein Müller hat dann darauf hingearbeitet, Schule, Ausbildung, vielleicht hier und da mal einen Fehlstart oder einen Irrweg, aber jetzt ist sie hier, bei Ihnen, und es war nicht leicht, diesen Job zu bekommen. Und sie möchte das Beste daraus machen. Sie will nicht einfach neun Stunden absitzen und dafür eine Stunde hinfahren in einer übervollen Bahn und abends eine Stunde zurück. Das ist ihr Leben, und sie will etwas daraus machen. Sie will stolz auf sich sein. Fräulein Müller ist längst motiviert, gute Arbeit zu leisten. Seit Jahren schon.

Mitarbeiter sind motiviert, wenn sie eingestellt werden!

Passen Sie auf, dass die Vorgesetzten von Fräulein Müller diese Motivation nicht aus Trägheit, Gedankenlosigkeit oder wegen zu viel persönlichem Druck abwürgen. Sie brauchen nicht zu motivieren. Ihr Job als Chef ist es, dafür zu sorgen, dass diese Motivation *erhalten* bleibt.

■ *‚Aus dem Nähkästchen' – Der motivierte Mitarbeiter*

Ich fahre im Zug von Regensburg nach Nürnberg. Eine schöne Bahnstrecke durch eine herrliche Wald- und Wiesenlandschaft. Plötzlich merke ich, wie der Zug immer langsamer wird. Kontinuierlich nimmt

8 Motivation der Mitarbeiter

die Geschwindigkeit ab. Zuletzt fahren wir noch Schritttempo bis zum nächsten Bahnhof und halten dort.

Dann kommt die Durchsage: „Werte Reisende, wir haben einen Schaden an der Lokomotive und können nicht mehr weiterfahren. Deshalb der unplanmäßige Halt an diesem Bahnhof. Wir warten auf eine Ersatzlokomotive aus Nürnberg. Das wird zirka 45 Minuten dauern. So lange werden wir hier halten. Bitte entschuldigen Sie diese technische Panne."

Okay, nicht schön, aber alle wussten Bescheid und harrten der Dinge, die da kommen würden. Dann aber das Unfassbare: Der Schaffner geht durch den Wagen, hält sein Handy hoch und ruft: „Wenn Sie jemanden von unserer Verzögerung verständigen müssen und selbst kein Handy haben, können Sie meins benutzen. Bitte sagen Sie mir Bescheid!" Ich konnte es kaum glauben, aber die Geschichte ist mir wirklich passiert!

Fazit: Dies ist ein motivierter Mitarbeiter, der für die Deutsche Bundesbahn mehr positives Image generiert als zehn Pressesprecher!

Das Führungsverhalten des direkten Vorgesetzten

Was für Fräulein Müller gilt, gilt ebenso für Herrn Meier, eine Etage höher. Herr Meier ist der direkte Vorgesetzte von Fräulein Müller und als solcher dafür verantwortlich, dass eine Gruppe von Menschen eine definierte Leistung erbringt. Genau wie Fräulein Müller hat Herr Meier seine Arbeit aus Interesse an der Sache begonnen. Und er möchte etwas leisten, etwas bewegen. Er möchte das, was er tut, gut machen.

Jeder hat sein ‚Päckchen' zu tragen.

Aber Meier sitzt zwischen zwei Stühlen. Unter ihm ist Fräulein Müller und deren KollegInnen, denen er vermitteln muss, was getan werden soll. Und weil sie Menschen sind, können sie sich irren oder stoßen auf Probleme. Oder es ‚hakelt', weil nicht genug Material da ist, eine Maschine ausgefallen ist oder der Server mal wieder ‚down' ist. Über Meier ist der Abteilungsleiter, der gewisse Vorgaben für ihn hat, in der Regel in der Form von Zahlen. Diese Vorgaben haben die Tendenz, dass sie seit Jahren immer stärker wachsen und mit ihnen der

Druck und der Zeitmangel. Druck von oben und Probleme von unten führen nur allzu oft dazu, dass auch Meier nicht immer die nötige Seelenruhe hat, um mit Takt, Umsicht, strahlender Laune und Geduld allen seinen MitarbeiterInnen ein offenes Ohr und ein hilfreiches Händchen zu leihen.

Good news: Die MitarbeiterInnen sind nicht blöd! Sie sehen das durchaus und verstehen es und haben Verständnis dafür. Was sie dagegen nicht verstehen ist, wenn Meier seinerseits nicht sieht, dass sie sich für ihn ziemlich ins Zeug legen, dass sie sich Mühe geben, dass sie ihm ja helfen wollen. Und sie haben ebenso kein Verständnis dafür, dass Meier nicht einfach mal „Fräulein Müller, das haben Sie gut gemacht!" sagt und dabei lächelt und ihr in die Augen sieht.

Persönliche Entwicklungsmöglichkeiten

Paragraph 75, Absatz 2 des Betriebsverfassungsgesetzes sagt: *„Arbeitgeber und Betriebsrat haben die freie Entfaltung der Persönlichkeit der im Betrieb beschäftigten Arbeitnehmer zu schützen und zu fördern. Sie haben die Selbständigkeit und Eigeninitiative der Arbeitnehmer und Arbeitsgruppen zu fördern."* Eigentlich ist es ja schlimm, dass es dafür sogar einen Paragraphen braucht. Man sollte doch meinen, ein Unternehmer wäre klug genug zu erkennen, dass er viel mehr von freien, selbständigen Mitarbeitern mit Eigeninitiative hat als von Robotern, die stur heil ihr Ding machen und Punkt fünf die Tür hinter sich zuknallen. Aber offenbar – die Statistik zeigt es – ist dem in der Realität nicht so, jedenfalls bei den meisten Unternehmen.

Das ist eine wunderbare Chance für Sie! Mit minimalem Aufwand haben Sie im Wettbewerb die Nase vorn. Lassen Sie einfach die Zügel los. Werfen Sie sie weg. Befreien Sie sich gedanklich von diesem Bild. Wer ist schon gern fremdbestimmt? Führen heißt vorangehen, nicht antreiben. Die meisten Menschen werden gern geführt, aber die wenigsten haben es gern, wenn man sie ins Paradies prügelt. Auch hat jeder sein eigenes Tempo, seine eigene Lebensgeschichte, seine eigenen Erfahrungen. Daraus resultieren Ideen und Wege, auf die einer allein nie kommen kann. Sie glauben gar nicht, was für ein Potenzial in Ihrem Betrieb steckt, wenn Sie Ihren Kollegen die Freiheit zur persönlichen Entwicklung geben.

Führen heißt vorangehen – nicht antreiben!

Weiterbildungsmöglichkeiten

Eine Variante davon ist die Weiterbildung. Glauben Sie im Ernst, dass Sie Ihr Geld zum Fenster hinauswerfen, wenn Sie in die Weiterbildung Ihrer MitarbeiterInnen investieren?

8 Motivation der Mitarbeiter

Ich kenne den Chef einer kleinen Werbeagentur. Eines Tages kam ein Mitarbeiter zu ihm und sagte: „Chef, ich würde gern auf ein Seminar für Netzplantechnik gehen." „Was hat denn das mit Werbung zu tun?" fragte der Chef. „Unmittelbar nichts", sagte der Mitarbeiter, „aber diese Methode sorgt dafür, dass Termine zuverlässig eingehalten werden." „Hmm", sagte der Chef, der seine Pappenheimer kannte, „das könnten wir brauchen. Wissen Sie was? Gehen Sie hin, und anschließend halten Sie hier intern ein Seminar und bringen das alles, was Sie gelernt haben, Ihren Kollegen bei."

Nicht dumm, oder?

- *Der Unternehmer muss darauf achten, dass er hinsichtlich der Leistungserbringung durch seine Mitarbeiter drei Dinge auseinander hält:*
  1. *Leistungsmöglichkeit,*
  2. *Leistungsfähigkeit,*
  3. *Leistungsbereitschaft.*

1. Leistungsmöglichkeit

Der Unternehmer muss darauf achten, dass die Mitarbeiter die Möglichkeit haben, Leistung zu erbringen. Folgende Punkte sind dabei wichtig:
- *Die/das Gebäude sollten sich in einem gutem Zustand präsentieren*
- *Die Verkaufsräume sollten ansprechend, funktionell sein und sich in einem kundenfreundlichen Ambiente zeigen.*
- *Werkstätten sollten heizbar, belüftet, hell, mit einem funktionellen Boden, sauberen Wänden, Toren, Waschbecken, Kommunikationsmitteln (tragbarem Telefon et cetera.) ausgestattet sein.*
- *Die Büros und das Umfeld sollten funktionell sein (möglichst keine Großraumbüros). Ausgestattet mit Besprechungsräumen, Raucherecken, Getränkeautomaten, guter Beleuchtung, blendfreien Bildschirmen, gutem Raumklima, großen Schreibtischen, ergonomischen Bürostühlen, funktionierender EDV (Software neuesten Standards), eigenem Telefon oder Handy et cetera*
- *Sozial- und Pausenräume sollten freundlich und mit Spinden, Umkleiden, ordentlichen Toiletten ausgestattet sein.*

- Wenn möglich, sollten Personalparkplätze, eine Kantine und ein Kindergarten (für Großbetriebe) zur Verfügung stehen.
- Der Außendienst sollte über geeignete Arbeitsmittel wie einem Firmenfahrzeug, einem Laptop, einem Handy, Präsentationsmittel, Muster, ‚Give-aways' (ein entsetzliches Wort!) verfügen und mit Visitenkarten ausgestattet sein.
- Die Werkstatt sollte mit hochwertigem und brauchbarem Werkzeug, elektronischen Testern, Absauganlagen, Anschlüssen für Druckluft, Strom, Wasser et cetera ausgestattet sein. Am Arbeitsplatz sollte zusätzlich funktionelle Arbeitsschutzkleidung wie ein feuerfester Arbeitsanzug, Sicherheitsschuhe, Helme, Schürzen, Gehörschutz und eine Schutzbrille vorhanden sein.
- Namensschilder, Visitenkarten, eigene Durchwahlnummer, eine persönliche Firmen-E-Mail-Adresse sollte jedem Mitarbeiter zur Verfügung stehen.
- Die Firmenfahrzeuge sollten für den Einsatzzweck geeignet sein (z. B. Hubvorrichtung bei Lkw, Licht auf der Ladefläche, Beschriftung, Navigationsgeräte et cetera.)
- Neueste Hilfsmittel (je nach Anforderung und Branche) sollten zur Verfügung stehen: Laservermessung auf Baustellen, Drucklufttacker in der Sattlerei, selbstschneidende Betonschrauben, Kräne mit Funksteuerung et cetera

2. Leistungsfähigkeit

Der Unternehmer ist ebenso für die Leistungsfähigkeit der Mitarbeiter verantwortlich, damit die angestrebten Leistungsstandards der Firma erhalten bleiben beziehungsweise verbessert werden können. Dazu gehören unter anderem folgende Punkte zum Thema ‚Aus- und Weiterbildung':

- Eine Bedarfsanalyse ermittelt für den jeweiligen Mitarbeiter die geeignete Bildungsmaßnahme.
- Der Mitarbeiter muss die in der Stellenbeschreibung erforderliche Ausbildung mitbringen beziehungsweise in angemessener Zeit erhalten.
- Eine Weiterbildung stellt sicher, dass modernes Wissen an die Mitarbeiter in geeigneter Weise weitergegeben wird.
- ‚Erhalten der Leistungsfähigkeit' heißt auch:

- *genügend Freiraum für Erholung zu geben*
- *zusammenhängenden Urlaub gewähren*
- *bei Familien mit schulpflichtigen Kindern Urlaub auf Schulferien abzustimmen*
- *auf außergewöhnliche familiäre Situationen Rücksicht zu nehmen*
- *Gesundheitsbewusstsein der Mitarbeiter fördern (Betriebssport, gemeinsame Freizeitaktivitäten)*
- *Stress, soweit möglich, vermeiden.*

3. Leistungsbereitschaft

Die Leistungsbereitschaft der Mitarbeiter wird wesentlich durch Faktoren verursacht, die vom Unternehmer beeinflusst werden können, zum Beispiel durch:

- *Motivation der Mitarbeiter*
- *Einbindung der Mitarbeiter in Firmenziele*
- *Führungsverhalten des direkten Vorgesetzten*
- *den Arbeitsplatz*
- *die Arbeitszeiten*
- *persönliche Entwicklungsmöglichkeiten*
- *die Bezahlung*
- *das Betriebsklima*
- *die Weiterbildungsmöglichkeiten*
- *Fairness*
- *Erfolg*
- *Seriosität*
- *Zuverlässigkeit.*

9. Nichts ist so beständig wie die Veränderung

‚Da waren's nur noch drei'

‚Eene, meene, muh' – so schnell kann's gehen. Das Artensterben beschränkt sich beileibe nicht auf die liebe Tierwelt, sondern grassiert auch im Wirtschaftsleben. Die Hersteller von Radioröhren, Strickbikinis, Fensterkurbeln, Plattenspielern, Stopfeiern, Floppy Disks, Halskrausen, Nadeldruckern, Diaprojektoren und Bartbinden sind alle weg vom Fenster.

Und wenn sie nicht gestorben sind, dann machen sie längst etwas anderes. Dieser letzte Satz ist wichtig.

Denn wenn sie nicht etwas anderes machen würden, wenn sie sich also nicht rechtzeitig umgestellt hätten, dann wären sie nicht mehr da. Und wenn Sie es nicht genauso machen und nicht aufpassen, was da so auf Sie zukommt, dann sind Sie auch nicht mehr da. Früher oder später.

Wissen Sie, was ‚Tuvalu' ist? Die Frage ist natürlich falsch gestellt und müsste heißen: Wissen Sie, wo ‚Tuvalu' ist? Ungefähr in der Mitte zwischen Hawaii und Australien. Neun kleine Inselchen mit einer Gesamtfläche von 26 Quadratkilometern. Blauer Himmel, Südsee, Palmenstrand. Etwa 11.000 Menschen leben dort, vorwiegend vom Fischfang und Kokosnüssen, und neuerdings kann man auch die Internet-Endung ‚tv' dort beziehen, was der Insel 50 Millionen Dollar an Einkommen bringt, über das nächste Jahrzehnt verteilt. Kein Militär, keine Arbeitslosigkeit, keine Mobiltelefone – klingt nach Paradies, oder?

9 Nichts ist so beständig wie die Veränderung

Die höchste Erhebung auf Tuvalu ist fünf Meter hoch. Da der Meeresspiegel dank globaler Klimaerwärmung ansteigt, ist es eine reine Frage der Zeit, wann Tuvalu das Wasser bis zum Hals stehen wird.

Beobachten Sie globale Trends

Nichts ist so beständig wie der Wandel, und deshalb müssen Sie ein Auge darauf haben. Selbst wenn Ihnen paradiesisch wohl ist, es wird nicht so bleiben! Und schon gar nicht heutzutage, wo die Änderungen schneller passieren als Ihnen und mir lieb ist. Reichte es früher aus, die unmittelbare Konkurrenz im Auge zu behalten, müssen Sie heute schon globale Trends beobachten.

Sie können das nicht allein tun. Sie wären damit heillos überfordert. Die Medien machen eine Vorselektion für Sie und erzählen Ihnen, was so alles läuft. Leider habe ich manchmal das Gefühl, dass auch die Journalisten ihrer Aufgabe nicht ganz gewachsen sind, denn nur zu oft verkaufen sie uns Luftblasen als die grandiosen Trends. Ist ja auch kein Wunder. Erstens nimmt man das Verschwinden von Dingen, Gegebenheiten, Bedingungen kaum wahr. Umso mehr die Neuerscheinung. Niemand redet davon, wenn ein Komet erlischt. Aber wenn er in die Atmosphäre eintaucht und schön leuchtet und einen langen Schweif hat, treten sich die Kameramänner die Füße platt. Zweitens ist nur das Spektakuläre spektakulär. Und worauf stürzen sich die Medien? Auf das Wichtige oder auf das ‚Knallige'? Was ist wichtiger – das Wachstum der chinesischen Textilwirtschaft oder der neueste Minirock? Dreimal dürfen Sie raten.

Machen Sie sich Ihre eigenen Gedanken

Unterm Strich bleibt, dass Sie sich Ihre Gedanken selbst machen müssen. Sie müssen einen Blick für das Wesentliche entwickeln. Die Kernfrage lautet:

Was steckt dahinter?

Was hinter einem Minirock steckt, wissen wir alle. Aber was die Entwicklung der chinesischen Textilwirtschaft für Konsequenzen hat, darüber müssen wir nachdenken. Ihnen ist das egal? Weil Sie, sagen wir mal, Optiker sind? Okay. Einverstanden. Aber könnte es sein, dass das, was uns die Textilbranche vormacht, auch in der Brillenproduktion passiert? Sind Sie sicher, dass die chinesischen Fabrikanten, die heute noch für europäische Designer arbeiten, nicht nächstes Jahr schon mit ihrer eigenen Billigmarke auf den Markt kommen? Und was machen Sie dann? Haben Sie schon eine Strategie im Koffer? Oder warten Sie ab, bis alle ihre Kunden ein ‚Häusel' weitergegangen sind und nur noch Ihr Banker bei Ihnen auf der Matte steht?

Erfolg ist freiwillig 9

Da gibt es so schöne Schlagwörter. Die ‚digitale Revolution' zum Beispiel. Die Kernfrage lautet: Was steckt dahinter? Was bedeutet es für Sie? Chance oder Existenzfrage?

Was steckt dahinter? Chance oder Existenzgefährdung?

Der Computer ist längst nicht mehr nur ein Werkzeug. Computer sind nicht einfach ein Ersatz für die Schreibmaschine, den Fernschreiber, die Rechenmaschine, das Reißbrett, das Fotolabor, das Filmstudio. Früher brauchte man ein Werkzeug plus Fachwissen, um eine Arbeit zu erledigen. Heute wird das Fachwissen in die Software eingebaut, jeden Tag ein bisschen mehr.

Die meisten von uns brauchen keine Sekretärin mehr. Wir können unsere Briefe selbst tippen, und dank fertiger Vorlagen sehen sie auch noch gut aus. Um die Rechtschreibung und die Druckfehler kümmert sich das Programm. Und meistens schreiben wir ja gar keine Briefe mehr, sondern schicken eine E-Mail und das kann nun wirklich jeder. Wir brauchen keinen Grafiker mehr, der uns das Briefpapier, die Visitenkarte, den Prospekt, die Präsentation gestaltet. Es gibt Programme dafür, die einen Bruchteil dessen kosten, was uns früher ein Grafiker pro Tag berechnet hat. Natürlich sind die Ergebnisse nicht so gut wie vom Superstar, aber gute bis gehobene Mittelklasse sind sie allemal. Und die Fotos? Erinnern Sie sich noch an die vielen unscharfen, über- oder unterbelichteten Fotos, die Sie früher mit großer Erwartung und noch größerer Enttäuschung aus den länglichen, flachen Hochglanzumschlägen gezogen haben? Heute wird jedes Foto gut. Denn Sie sehen es vorher auf dem LCD-Display, und mit ein paar Mausklicks hinterher bei der Bildbearbeitung wird es richtig gut.

Digitale Revolution heißt, dass eine Menge Leute – auch hochqualifizierte – nicht mehr benötigt werden, weil ihre Qualifikation in Software eingebaut wird. Digitale Revolution heißt, dass Sie nach Nischen suchen müssen, wo das nicht oder noch nicht möglich ist, so dass Sie die Nase wenigstens für ein Weilchen vorn haben. Digitale Revolution heißt, dass Ihre Konkurrenz sonst wo sitzen kann. Ich habe eben, vor zwei Minuten, eine E-Mail mit einem Angebot für 50.000 vierseitige, vierfarbige Prospekte in meiner Mailbox gefunden, zu Visitenkartenpreisen – aus Indien. Mumbai.

Digitale Revolution kann aber auch heißen, dass neue Jobs entstehen, die es vorher nicht gab. Oder dass Menschen Arbeit haben, die vorher keine Chance hatten. Bangalore ist so ein Beispiel. Viele Großfirmen aus der ganzen Welt lassen ihre Software in Indien programmieren, in gigantischen Softwarefabriken, von (nach indischen Verhältnissen) gut bezahlten, (an deutschen Preisen gemessen) spottbilligen, (nach internationalem Maßstab) gut ausgebildeten

Es werden Produkte gebraucht an die heute noch niemand denkt.

9 Nichts ist so beständig wie die Veränderung

Softwareentwicklern. Digitale Revolution kann heißen, dass Produkte gebraucht werden, an die heute noch kein Mensch denkt. Sie könnten derjenige sein, der die Idee dazu hat.

■ *Forschen Sie nach und sprechen Sie darüber!*

F & E heißt ‚Forschung und Entwicklung' – haben Sie eine Abteilung dafür? Vielleicht nicht. Aus welchen Gründen auch immer. Aber das braucht Sie nicht daran zu hindern,

- *sich eine Mappe anzulegen, in die alle Zeitungsausschnitte kommen, die mit neuen Entwicklungen zu tun haben, die für Sie vielleicht interessant sein könnten.*

- *ein Blatt Papier oben auf zu legen, auf dem Sie alle Ideen notieren, die Sie haben – und wenn sie Ihnen noch so absurd vorkommen. Mit ein paar Stichworten dazu, denn nach einem Jahr wissen Sie nicht mehr, was Sie mit ‚Dammbrecher' oder ‚Luftumwandler' gemeint haben.*

- *alle paar Wochen in einer Internet-Suchmaschine Stichworte eingeben zu Themen, die Sie interessieren. Und die Ergebnisse zu lesen, auszudrucken und in Ihre Mappe zu legen.*

Kaufen Sie sich ein aktuelles Vorlesungsverzeichnis

Kaufen Sie sich ein aktuelles Vorlesungsverzeichnis der Uni in Ihrer Nähe und sehen Sie nach, welche Veranstaltungen zu welchen Themen angeboten werden. Und wenn Sie etwas besonders interessiert, dann den zuständigen Professor anrufen und ihm sagen, was Ihr Unternehmen so macht und warum Sie sich für sein Spezialgebiet interessieren. Vielleicht ergibt sich daraus ja eine Einladung zum Essen, die Sie aussprechen und ein Austausch von Ideen? Unis sind mehr und mehr am Kontakt mit der Wirtschaft nicht nur interessiert, sondern dringend darauf angewiesen. Weil sie es auch nicht so witzig finden, einfach immer nur ins Blaue hineinzuforschen. Sie freuen sich zum Beispiel über Themen für Diplom- und Doktorarbeiten, und Sie kriegen eine Menge Know-how frei Haus geliefert.

Erfolg ist freiwillig

Beleben Sie den 'guten alten' Stammtisch wieder!

Erinnern Sie sich an die 'Feuerzangenbowle' mit Heinz Rühmann? Früher saßen die Honoratioren der Stadt zusammen, tranken ein 'Glaserl' oder zwei oder auch mehr und erörterten den Stand der Welt. Ganz so funktioniert das heute vielleicht nicht mehr, aber Sie könnten es ja auch machen wie Rupert Sheldrake und sich mit ein paar Freunden aus ganz anderen Fachgebieten zusammensetzen, ein gutes Essen genießen und eben mal nicht über das Wetter, die Kinder und die Politik reden, sondern über Themen die Ihnen und Ihren Freunden am Herzen liegen: Wie wird unsere Welt in fünf Jahren aussehen? Was sind die wichtigsten Entwicklungen? Ist alles wirklich so, wie wir glauben, dass es ist? By the way: Sie können alle diese Aufgaben auch delegieren, an jemand, in den Sie berechtigte Hoffnungen setzen, und sie/er soll dann ein internes Referat darüber halten. Für alle (in Worten: alle!) Mitarbeiter. So setzen sie etwas in Gang.

Sie wollten doch etwas bewegen, oder nicht?

10. Chancen sehen, Chancen nutzen

Der erste Unternehmensberater, dem ich je begegnet bin, verblüffte alle seine Kunden mit der Frage: „Und was werden Sie in zehn Jahren machen?"

Das ist 30 Jahre her, und heute könnte er mit dieser Frage keinen ‚Blumentopf' mehr gewinnen. Viele Unternehmen machen heute einen großen Teil ihres Geschäfts mit Produkten oder Serviceleistungen, die es vor zehn Jahren noch gar nicht gab. Das Vorausschauen, das Denken in Chancen, ist Routine geworden.

Denken in Chancen.

Na ja, hoffen wir es. *„Erfolg ist der Lehrmeister der Dummen",* sagte einst Titus Livius. Er musste es wissen, schrieb er doch 142 Bücher über die Geschichte von Rom ab der Gründung („ab urbe condita") bis zu Kaiser Augustus, den wir ja aus der Bibel kennen („Es begab sich aber zu Zeit ..."). Das ist gut 2000 Jahre her. Aber glauben Sie im Ernst, dass sich seitdem viel im menschlichen Verhalten verändert hat? Der Krug geht so lange zu Wasser, bis er bricht, sagt das Sprichwort und meint das Gleiche: Selbst wenn etwas gut geht, geht es nicht ewig so weiter. Das Bessere ist der Feind des Guten – es gibt Sprüche genug, die diese Erfahrung in Worte fassen.

Das Bessere ist der Feind des Guten.

Man kann es natürlich auch wissenschaftlich und pseudowissenschaftlich beschreiben, von Produktzyklen über S-Kurven. Im Kern geht es immer um das Gleiche: Nichts bleibt!

Da ein Unternehmer einer ist, der etwas unternimmt, sind Sie aufgerufen, etwas zu tun. Feiern Sie Ihre Party, wenn Sie Erfolg haben, aber glauben Sie nicht, dass jetzt alles gut ist. *What comes up, must go down.*

10 Chancen sehen, Chancen nutzen

■ *'Kleiner Nebengedanke'*

Sie sollten Misserfolge (so unangenehm sie sein mögen) nicht verdrängen. Misserfolge regen zum Denken an, und wenn etwas schief gegangen ist, bringt es einen oft auf neue und bessere Ideen. Haben Sie das nicht schon am eigenen Leibe erlebt? Wir machen jetzt mal einen kleinen Satzergänzungstest:

_____ hat mir einen Korb gegeben, und das war gut so, denn dadurch habe ich _____ kennen gelernt.

Im Jahre _____ habe ich die _____ -Prüfung nicht/nicht ganz/mit ‚Ach und Krach' (Nichtzutreffendes streichen) bestanden. Und das war gut so, denn seitdem mache ich etwas viel Besseres, nämlich _____ .

Wenn ich vor _____ Jahren den großen Auftrag von _____ bekommen hätte, dann müsste ich mich jetzt immer noch mit_____ beschäftigen. Wie furchtbar!

Sie können selbst fortfahren ..._____

Und wenn die Party zu Ende ist, dann rufen Sie Ihre wichtigsten, kreativsten, flexibelsten Mitarbeiter zusammen zu einem Brainstorming: Was machen wir anschließend? Wie geht es weiter? Was machen wir in ein, zwei, drei, fünf, zehn Jahren? The Winner is – Preisfrage: Was ist besser, Erster zu sein oder Zweiter? Wenn Sie es nicht wissen, fragen Sie sich mal, wer die ‚Tour de France' gewonnen hat. Und wer ist Zweiter geworden? Oder gar Dritter?

Sie werden nicht Erster, wenn Sie sich nicht rechtzeitig darauf vorbereiten. Sie müssen die Chancen erkennen und die Weichen stellen, damit alles in den richtigen Bahnen verläuft. Immer wieder. In einer schnelllebigen Zeit wie der unseren haben Sie oft nur Chancen, wenn Sie schneller sind und vor den anderen etwas anbieten. Rechtzeitig, bevor sich ein eingespielter Markt etabliert hat. Und bevor die Großen auf den Geschmack gekommen sind, sich die Technologie unter den Nagel reißen und mit viel Geld die Marktanteile auf sich ziehen.

Erfolg ist freiwillig

Zum Weichenstellen gehört unter anderem das Investieren in die richtige Technologie. Wir meißeln heute keine Schriftzeichen mehr in Steinplatten. Wir haben Computer. Ich kenne einen Geigenbauer, der eine ältere Dame beschäftigt, die seine Rechnungen allen Ernstes von Hand schreibt und die doppelte Unterstreichung unter der Summe mit dem Lineal macht. So liebenswert das sein mag – unternehmerisch ist es sicher nicht. Immerhin, es hat Flair. Teuer bezahlten Flair.

Andererseits ist es nicht immer nötig, von allem das Neueste zu haben, nur weil es gerade in ist. Viele Flugzeuge, mit denen Sie Ihre Geschäfts- und Urlaubsreisen machen, sind 30 Jahre alt. Die meisten Maschinen halten viel länger als die gesetzliche Abschreibungsfrist. Neueste Computer sind, wenn Sie nicht gerade viel mit Videobearbeitung zu tun haben, selten nötig: 95 Prozent der Zeit sind die Prozessoren unter 10 Prozent ihrer Kapazität ausgelastet. Was Sie vielleicht brauchen, ist mehr Speicherplatz – die Software heutzutage frisst hemmungslos viel Platz.

Und da wir gerade bei Software sind: Sie haben sicherlich längst bemerkt, dass Software viel teurer sein kann (und meist auch ist) als Hardware. Vermutlich haben Sie auch bemerkt, dass Softwarehersteller alle ganz fix von Bill Gates gelernt haben, wie man Fehler zu Geld macht. Das geht so: Man liefert ein Produkt aus, das nicht wirklich hundertprozentig funktioniert. Aber man verkauft es trotzdem, und die Leute kaufen es ja auch. Dann arbeitet man an den Macken und verkauft so genannte Upgrades, die immer noch nicht hundertprozentig funktionieren. Wenn man genügend Flickwerk zusammen und dadurch den Überblick verloren hat, schreibt man das ganze Programm neu, so dass es nicht mehr kompatibel zur Vorgängerversion ist. Das verkauft man dann für viel Geld, und alle, die sich vorher über die Macken grün und blau geärgert haben, kaufen diese jetzt angeblich stabile und ganz tolle Version. Im Laufe der Zeit stellt sich dann heraus, dass doch wieder ‚na so was', ein paar kleine Fehlerchen auftreten, und dann beginnt das Spiel von vorn.

Man kann Fehler zu Geld machen.

Sie können eine Menge Geld sparen, wenn Sie nicht jedes Upgrade mitmachen. Meist sind sowieso nur ein oder zwei neue Funktionen eingebaut worden, die Sie möglicherweise nie gebraucht haben und auch nie brauchen werden – wie Rechtschreibung auf Finnisch, automatische Umwandlung in Oktalzahlen, HTML-Highlighting, Makroeditoren und Anbindung an webbasierte Datenbanksysteme. Hübsch und toll für Leute, die es brauchen, aber ob Sie dazugehören, ist eine ganz andere Frage. Und wenn Sie ein stabiles System haben, freuen Sie sich und lassen es so lange wie nur irgend möglich in Ruhe.

Machen Sie nicht jedes ‚Upgrade' mit!

Chancen sehen, Chancen nutzen

Erster oder Zweiter sein

Kommen wir zurück zum Thema: ‚Erster sein'. So, wie ich es gerade eben dargestellt habe, klingt es, als wäre das ein wünschenswertes Ziel. Ganz selbstverständlich. Aber das ist es nicht. Nicht unbedingt. Wie alles hat auch das seine zwei Seiten. Der Erste bezahlt oft eine Menge Lehrgeld. Der Zweite kann in aller Ruhe zusehen, wie Nr. 1 vorankommt, was er richtig macht und was falsch. Und dann kann Nr. 2 seine eigene Strategie aufbauen, besser, einfacher, billiger. Im Windschatten fahren kann eine Menge Energie sparen!

Wägen Sie Aufwand und Nutzen.

Der Nachteil ist natürlich, dass Sie dann bereits einen mächtigen Wettbewerber haben. Einen, der mehr Bekanntheitsgrad hat, bereits etabliert ist, der Kundenbeziehungen aufgebaut hat und schon über ein Polster an Verträgen verfügt. Glauben Sie nicht, dass es leicht ist, so etwas aufzubrechen. Viele Menschen sind ausgesprochen treu. Und wenn sie schon nicht treu sind, so scheuen sie doch Veränderungen. Mag sein, dass Sie besser, schneller, billiger sind. Aber der Kunde, den Sie gern hätten, muss seinem Chef und seinen Kollegen das klar machen. Und warum sollte er die Mühe und das Risiko auf sich nehmen für Sie zu kämpfen? Er kennt Sie ja noch gar nicht, und vielleicht haben Sie ihm nur das Blaue vom Himmel herunter versprochen und können es nicht halten. Und dann steht er dumm da.

Mit anderen Worten: Als Nr. 2 haben sie es vielleicht einfacher, weil sie aus den Fehlern der Nr. 1 lernen können. Aber sie haben andere Probleme, die Nr. 1 nicht hat.

■ *Zufriedenheit der Kunden*

Was macht Kunden zufrieden mit der Leistung Ihres Unternehmens? Preis, Ansprache, Service?
- *Qualität*   *36 Prozent*
- *Service*   *36 Prozent*
- *Kommunikation*   *15 Prozent*
- *Preis*   *13 Prozent*

Hätten Sie es gedacht, dass der ehemals bezahlte Preis für die Befindlichkeit des Kunden eine mehr als untergeordnete Rolle spielt? Und alle Welt spricht heute vom Preis! Geiz ist eben nicht geil!

Erfolg ist freiwillig 10

Kundenbindung

Zufriedenheit des Kunden ist aber <u>nicht gleich</u> Bindung!

Beispiel: Fluggesellschaft
- *zufrieden und gebunden*   30 Prozent
- *zufrieden, aber nicht gebunden*   43 Prozent
- *nicht zufrieden*   27 Prozent

Automobilbranche
- *zufrieden und gebunden*   51 Prozent
- *zufrieden, aber nicht gebunden*   37 Prozent
- *nicht zufrieden*   12 Prozent

Lebensmittelbranche
- *zufrieden und gebunden*   59 Prozent
- *zufrieden, aber nicht gebunden*   21 Prozent
- *nicht zufrieden*   20 Prozent

Arzt
- *zufrieden und gebunden*   84 Prozent
- *zufrieden, aber nicht gebunden*   7 Prozent
- *nicht zufrieden*   9 Prozent

Was bindet Kunden emotional an das Unternehmen?

Das Image ist umso besser, je erfolgreicher, seriöser, sympathischer und innovativer es von den Kunden wahrgenommen wird: Wir kaufen vom Sieger!
- *Erfolg*   29 Prozent
- *Seriosität*   24 Prozent
- *Sympathie*   16 Prozent
- *Innovativität*   15 Prozent
- *Zuverlässigkeit*   9 Prozent
- *Flexibilität*   4 Prozent
- *Fairness*   3 Prozent

(Quelle: Excellence Barometer 2005)

10 Chancen sehen, Chancen nutzen

Ein schönes Beispiel ist der Kampf der Telefonanbieter. Früher gab es die gute alte Post, die uns Telefonkunden nach Strich und Faden abgezockt und damit die defizitäre Briefpost subventioniert hat. Dann gab es die Deutsche Telekom, und dann stießen private Anbieter dazu. Mit Kampfpreisen. Im Endeffekt geht es doch nur darum, dass wir den Hörer abnehmen und telefonieren können, und diese Leistung bieten alle an. Warum sind nicht alle mit fliegenden Fahnen zu den neuen, teilweise viel billigeren Anbietern gewechselt? Wieso hat die Telekom immer noch Kunden? Und nicht zu knapp?

Also ist es doch besser, der Erste zu sein?

Um ehrlich zu sein: Ich kann Ihnen die Frage nicht beantworten. Denn die Antwort wäre das berühmte pappweiche ‚Es kommt darauf an'. Auf das, was Sie anbieten. Auf den Markt. Und auf Sie selbst – nicht jeder hat die Charaktereigenschaften mitbekommen, die man als Vorreiter braucht. Als da wären viel Mut, viel Eigensinn (um nicht zu sagen: Sturheit), viel Durchhaltewillen. Und dazu eine eiserne Gesundheit. Eine Familie, die Ihren Pioniergeist nicht nur duldet oder zähneknirschend erträgt, sondern unterstützt und Sie in Zeiten mit ‚Durchhängern' aufbaut. Last, not least brauchen Sie Kapital, wahrscheinlich mehr, als Sie glauben, und eine sehr geduldige Bank.

Und dann kann es auch schief gehen. Schlimmer noch: Meistens geht es schief. 100 Prozent aller Firmengründer glauben, dass sie es schaffen. Aber 80 Prozent aller Neugründungen gehen innerhalb der ersten zwei Jahre kaputt. Die Gründe, sagen Untersuchungen, sind in aller Regel die falsche Einschätzung des Marktes und das Unterschätzen des Kapitalbedarfs. Mit anderen Worten: Die Welt hat

- meist nicht auf neue Ideen gewartet und
- es dauert viel, viel länger, bis sie Ihr Angebot wahrnimmt und kaufen will

Warum zeige ich Ihnen so drastisch auch die Möglichkeit von Fehlschlägen auf? Ist das nicht kontraproduktiv? Sollte ich Ihnen in einem Buch mit dem Titel ‚Erfolg ist freiwillig' nicht Mut machen und optimistischer sein?

Vielleicht. Aber es gibt auch so etwas wie eine Wahrheitspflicht. Ich möchte, dass Sie beide Seiten sehen, über beide Seiten nachdenken, über beide Seiten mit Ihren Freunden, Kollegen, Mitarbeitern, Beratern, Ihrer Familie diskutieren. Ich glaube, dass das Ihre Chancen, sich richtig zu entscheiden, bei weitem erhöht. Ich glaube, dass ich Ihnen das schuldig bin.

Mit voller Kraft voraus!

Aber wenn Sie sich entschieden haben, dann nichts wie ran an die Bouletten! Eine schöne Maxime ist: Was würde ich tun, wenn ich nicht scheitern könnte? Denken Sie mal drüber nach. Was würden Sie tun, wenn Sie nicht scheitern könnten? Ich bin sicher, Sie würden loslegen wie Blücher. Sie würden zum Mond fliegen. Ihre Pläne wären nicht kleinklein und vorsichtig, sondern rund und gut und strahlend schön. Sie könnten nicht scheitern. Rückschläge würde es schon manchmal geben, aber was sind Rückschläge anderes als Erfahrungen, die Sie auf dem Weg sammeln?

Die Einstellung bedingt das Verhalten.

Sie kennen sicher die Geschichte von Thomas Alva Edison, als er die Glühbirne erfand. Er setzte sich nicht hin, hatte eine Eingebung und Bingo – da war sie, die Glühbirne. Absolut nicht. Er machte einen Versuch nach dem anderen. Wissen Sie, wie viele Versuche er brauchte? Mehr als 3.000! Und bei jedem missglückten Experiment hatte er etwas gelernt. Er hat gelernt, wie es nicht geht.

Man kann auch lernen, wie es nicht funktioniert!

In vielen Erfolgsbüchern – und ich wette, Sie haben schon ein paar davon gelesen – steht, dass man nie und nimmer aufgeben soll. Schon recht, aber das kann natürlich auch ein Zeichen von Dummheit sein. Oder Übermotivation, wie die Psychologen sagen.

Es gibt ein bekanntes Beispiel vom übermotivierten Huhn. Da ist ein Maschendrahtzaun, auf der einen Seite ein Huhn, auf der anderen Seite eine Menge appetitlicher Körner. Das Huhn hat einen Mordshunger und rennt wie blöd gegen den Zaun, wieder und immer wieder. Bumms! Wenn es nicht so übermotiviert wäre, würde es auch mal nach links und rechts schauen und feststellen, dass einen halben Meter weiter ein riesengroßes Loch im Zaun ist. Da könnte es ganz gemütlich durchspazieren und sich satt picken. Aber nein, was macht das Huhn? Es rennt sich den Kopf am Zaun ein. Und noch einmal. Bumms! Und wieder. Bumms! Blöd.

Edison hat nicht 3.000-mal das gleiche Experiment gemacht, sondern jedes Mal etwas Neues probiert. Das ist ein Unterschied. Ich sage nicht, dass Sie einen Kunden, der Ihr Produkt nicht will, 3.000-mal anrufen sollen. Das ist der sicherste Weg zum Misserfolg. Ich sage, dass Sie 3.000 verschiedene Menschen anrufen sollen, so lange, bis einer Kunde wird. Das ist ein Unterschied. Ich sage, dass Sie – wenn das Telefon nicht funktioniert – etwas anderes ausprobieren sollten, Werbung, Briefe, Messen, hingehen. So lange, bis es funktioniert. Ich sage nicht, dass Sie unermüdlich das Gleiche predigen sollen. Ich sage, dass Sie sich neue Argu-

Probieren Sie stets etwas Neues.

10 Chancen sehen, Chancen nutzen

mente überlegen sollten, wenn Sie merken, dass die alten nicht akzeptiert werden. Das ist ein Unterschied. Nicht aufgeben heißt nicht einfach, immerzu und immer wieder das Gleiche zu tun. Nicht aufgeben heißt, das Ziel nicht aus den Augen zu verlieren und einen Weg zu finden, egal, was passiert.

- *Wissen Sie was ‚NEIN' heißt?*
  Es ist die Abkürzung für ‚Noch ein Impuls nötig!'

11. Erfolg ist, gute Mitarbeiter zu haben

Haben wir noch Arbeit für alle?

An jedem Arbeitstag verschwinden in Deutschland über 1.000 Arbeitsplätze. Sie können das selbst nachlesen in den amtlichen Nachrichten der Bundesagentur für Arbeit. Und warum das so ist, ist ganz einfach:

Es ist einfach nicht genug Arbeit für alle da.

Wir können es drehen und wenden, wie wir wollen. Da helfen weder Sonntagsreden noch Arbeitsbeschaffungsmaßnahmen, auch ABM genannt, noch Jugendproteste wie in Frankreich. Da hilft kein Streik und keine Konjunkturspritze: Es ist einfach nicht genug Arbeit für alle da!

Arbeit ist nicht nur das, was die Menschen ohne Beschäftigung gern hätten. Arbeit ist auch das, was die Unternehmen gern hätten. Sie nennen es vornehm ‚Auftrag'. Aber das ändert doch nichts daran, dass es sich im Endeffekt um Arbeit handelt. Wenn Sie zu Ihrem Händler gehen und ein Auto bestellen, dann schaffen Sie Arbeit. Eine Reihe von Menschen hat eine Weile zu tun. Wenn Sie eine Garage bauen, ein Handy kaufen oder eine Tüte Semmeln: Sie schaffen Arbeit!

Aber es ist eben nicht genug Arbeit da. Ich habe schon ein Auto. Ich habe schon eine Garage. Ich habe drei Mobiltelefone (und weiß nicht, wie ich die beiden alten loswerden soll). Und Semmeln – wie viele davon soll ich denn essen, damit es mehr Arbeit gibt?

11 Erfolg ist, gute Mitarbeiter zu haben

Arbeit ist Mangelware, ein knappes Gut, eine Kostbarkeit. Und das ‚Recht auf Arbeit' ist ein frommer Wunsch. Es ist erstaunlich, wie vielen Menschen dieser Umstand erst dann klar wird, wenn sie keine Arbeit mehr haben.

Es gibt kein ‚Auftragsamt' für Unternehmer.

Da Sie Unternehmer sind, wissen Sie ja, wie schwer es ist, an Arbeit – in Form von Aufträgen – zu kommen. Es gibt kein ‚Auftragsamt', bei dem Sie sich in die Schlange stellen könnten oder das Ihnen etwas zahlt, wenn mal gerade keine Arbeit da ist. Sie müssen schon selbst durch die Lande düsen und sich etwas einfallen lassen. Und Bewerbungen schreiben, Tausende, ja sogar Millionen in Form von Werbung zum Beispiel.

Wenn Sie kein Monopol haben (und wer hat das schon), dann haben Sie Wettbewerber. Das sind Menschen genau wie Sie, die gern Arbeit hätten. Genau wie Sie düsen sie durch die Lande und suchen nach Arbeit.

Wenn man dann jemand findet, der Arbeit zu vergeben hat, dann kommt irgendwann die große Frage: Und wie viel möchten Sie für Ihre Arbeit? Dann sagt Ihr Wettbewerber: Ich mache es für x Euro. Und Sie sagen: Ich mache es für x minus zehn Prozent. Worauf Ihr Wettbewerber sagt: Na gut, dann gehe ich eben auch ein paar Prozent runter und lege noch was drauf. Und Sie knirschen mit den Zähnen und rechnen noch mal nach und seufzen tief und gehen an die Grenze, dort, wo es schon richtig riskant ist.

Okay, sagt Ihr Kunde. Wie schön. Nun haben Sie also für eine Weile Arbeit. Das war nicht einfach, und deswegen tragen Sie Ihren Auftrag mit verdientem Stolz nach Hause. Und sagen Ihren Mitarbeitern: Leute, freut euch mit mir, ich habe Arbeit für euch!

Da jubeln alle und klatschen in die Hände und freuen sich, dass sie Arbeit haben.

Und wenn sie nicht gestorben sind, dann – tja, dann wollen wir mal schnell das Märchenbuch zuklappen und auf den harten Boden der Tatsachen zurückkehren. Eine der sozialen Errungenschaften in den westlichen Industrienationen ist es, dass Sie Ihren Mitarbeitern nicht mehr die große Frage stellen dürfen, wer die Arbeit am billigsten macht. Da herrscht kein freier Wettbewerb mehr wie auf dem Markt, wo Sie Ihre Arbeit her haben, sondern wir haben Gesetze und Arbeitsverträge, Vereinbarungen mit dem Betriebsrat, und natürlich auch das wachsame Auge der Gewerkschaft.

Erfolg ist freiwillig 11

Das setzt Sie, den Unternehmer, einem gewissen Druck aus. Von zwei Seiten: Einerseits haben Sie sich ja verpflichtet, Ihre Arbeit zum Preis von x minus ganz viel Prozent abzuliefern. Das ist Marktwirtschaft. Andererseits können Sie diesen Preisnachlass nicht an Ihre Mitarbeiter weitergeben, indem Sie ihnen einfach weniger bezahlen. Deren Preise sind festgeschrieben – das ist sozial –, man nennt es also ‚Soziale Marktwirtschaft'. Was nichts daran ändert, dass Sie als Unternehmer genau zwischen diesen beiden Stühlen sitzen: dem sozialen und dem marktwirtschaftlichen. Nun müssen Sie sich etwas einfallen lassen!

‚Zwickmühle' Auftrag

Falls Ihnen nichts einfällt – inzwischen gibt es ein paar Standardlösungen, die immer wieder gern genommen werden. Hier sind sie:

Die erste besteht darin, so genannte ‚Rationalisierungsmaßnahmen' zu ergreifen. Das klingt vornehm und studiert, bedeutet aber schlicht, dass Sie versuchen, Menschen durch Maschinen zu ersetzen. Denn, dazu reicht das kleine Einmaleins aus, Maschinen sind nicht in der Gewerkschaft, arbeiten rund um die Uhr, gehen nicht in Urlaub und sind billig. Auch braucht man sie nicht zu entlassen und ihnen keine Abfindung zu zahlen. Sozialplan für Maschinen? Man kann sie einfach nach Gebrauch wegwerfen. Pardon, entsorgen.

‚Rationalisierung' klingt vornehm und studiert

Die zweite besteht darin, die sozialen Errungenschaften ein ganz klein wenig zu umgehen, indem Sie die Arbeit dort machen lassen, wo Menschen diese sozialen Errungenschaften noch nicht haben. Je weiter nach Osten man geht, desto fündiger wird man. Dort lässt man noch mit sich handeln. Hungrige Menschen bieten ihre Arbeitsleistung billig an – je hungriger, desto billiger.

Die dritte Lösung besteht aus einer Kombination von eins und zwei – billige Maschinen, die von billigen Arbeitskräften bedient werden. Das ist der Hattrick. Man nennt es auch ‚Auslagerung der Produktion' und kann sich dafür sogar als Menschenfreund feiern lassen, hat man doch vielen hungernden Familien Reis und Arbeit gebracht.

Das führt natürlich dazu, dass Sie hier, zu Hause, nicht mehr so viele Mitarbeiter brauchen – um es etwas genauer zu sagen: Pro Arbeitstag werden es in Deutschland 1.160 weniger.

11 Erfolg ist, gute Mitarbeiter zu haben

So lange Sie Ihren Tunnelblick auf Ihren Betrieb und Ihren Auftrag richten und nicht rechts und nicht links schauen, braucht Sie das auch nicht weiter zu kratzen. Schließlich ist dafür die Politik zuständig, und wozu haben Sie all die Jahre jeden Monat so viel Geld an die Arbeitslosenversicherung überwiesen. Für solche Fälle, dass es hier keine Arbeit mehr gibt, ist sie ja schließlich da. Klingt zynisch, ist es auch, aber wahr ist es trotzdem.

Und damit wären wir wieder ganz am Anfang des Kapitels:

Wir können es drehen und wenden, wie wir wollen. Wir können uns die Sonntagsreden unserer lieben Politiker anhören und je nach Gusto nicken oder schniefen. Wir können die Ohren zuhalten und den Kopf in den Sand stecken und das andere Ende zusammenkneifen – wahr ist, dass einfach nicht genug Arbeit für alle da ist.

Da helfen weder Arbeitsbeschaffungsmaßnahmen, auch ABM genannt, noch Jugendproteste wie in Frankreich. Da hilft kein Streik und keine Konjunkturspritze: Es ist einfach nicht genug Arbeit für alle da.

Aber jetzt machen wir erst mal eine Pause, holen tief Luft und denken nach: Die übliche Reaktion ist, dass jeder auf jeden losgeht. Immer sind die anderen schuld. Wenn die nicht …, dann bräuchten wir nicht und dann … Die übliche Reaktion ist falsch! Die übliche Reaktion ist sinnlos! Die übliche Reaktion sollten Sie bitte so schnell wie möglich vergessen!

Richtig ist die Erkenntnis:

Jeder ist von jedem abhängig – wir sitzen alle im gleichen Boot.

Wir sitzen alle im gleichen Boot. Jeder ist von jedem anderen abhängig. Wir müssen alle gemeinsam und jeder für sich unser Bestes tun, damit wir diese Situation so gut wie möglich bewältigen. Alles andere führt ins Elend.

Und das sagen Sie bitte Ihren Mitarbeitern. Klar, deutlich, ohne Angstmache. Immer wieder. Und sagen Sie es ihnen nicht nur:

Leben Sie es Ihnen vor!

Da gibt es die Werbeabteilung. Deren Aufgabe ist es, den Verkauf vorzubereiten. Einen Bekanntheitsgrad zu schaffen. Und ein gutes Image. Es ist selbst für den besten Außendienstmitarbeiter fast unmöglich, etwas zu verkaufen, wenn der Kunde argwöhnisch fragt: Von welcher Firma sind Sie? Nie gehört! Und was wol-

Erfolg ist freiwillig

len Sie mir verkaufen? Sagen Sie der Werbeabteilung, dass sie eine wichtige Aufgabe hat. Sie soll mithelfen, von dem knappen Gut Arbeit einen möglichst großen Anteil auf Ihr Unternehmen zu konzentrieren. Sagen Sie das der Werbeabteilung. Sie glaubt es nur zu gern. Schließlich stimmt es ja auch.

Aber wenn Sie bei der nächsten kühlen Brise den Werbeetat zusammenstreichen, dann glaubt sie Ihnen nichts mehr. Das meine ich mit vorleben: Sagen Sie Ihrer Werbeabteilung gerade in den mageren Zeiten, dass sie eine wichtige Aufgabe hat, gerade jetzt. Dass sich alle bitte bemühen sollen, einen noch besseren Job zu machen als bisher, wenn das überhaupt geht. Aber Werbeleute sind kreativ – denen fällt immer etwas ein, was man billiger und besser machen kann. Nicht einfach sagen, euer Zeugs ist eh für die Katz, jetzt werben wir mal nicht für ein paar Monate, auch gut, wer merkt schon den Unterschied. Und da ihr nichts mehr zu tun habt, können wir bei der Gelegenheit ja gleich ein paar Mitarbeiter ‚freisetzen'… So nicht!

> **Die Werbung erfüllt gerade in ‚mageren Zeiten' eine wichtige Aufgabe.**

Dann gibt es Ihren Außendienst. Der hat eine wahnsinnige Verantwortung. Der Außendienst, das sind die frustgeplagten Menschen, die ganz konkret dafür sorgen, dass Ihr Unternehmen, jeder einzelne Mitarbeiter, die nächsten ein, zwei, drei Wochen, Monate, Jahre Arbeit hat. Sagen Sie Ihren Mitarbeitern im Verkauf, dass Ihnen klar ist, was sie leisten müssen. Dass Sie Verständnis haben für ‚Auf' und ‚Ab' und dass Sie ein offenes Ohr haben für Sorgen und Probleme.

> **Schätzen Sie die Arbeit Ihres Außendienstes hoch ein!**

Aber sagen Sie es nicht nur. Leben Sie es! Nehmen Sie sich wirklich Zeit für Ihre Außendienstmitarbeiter. Diktieren Sie nicht einfach Umsatzziele. Das ist zu kurz gedacht. Ein paar Zahlen in die Welt zu setzen, am Schreibtisch – und dann zu sagen: Wieder nicht erreicht. Auf gut Deutsch: Mal wieder versagt. Zahlen haben mit der Realität nicht die Bohne zu tun. Die Realität sieht so aus: Früh aufstehen, Termindruck und Stau, kein Parkplatz, ein Kunde, der keine Lust hat, Telefonate, Warten, die Tasse Kaffee, die nach Batteriesäure schmeckt, Fragen, Zuhören, Einwände, geduldig sein, gute Laune haben, höflich bleiben, das Zögern ertragen… und am Ende, öfter, als einem lieb ist, ein ganz und gar unverdientes ‚Nein' zu kassieren oder ‚Hoffnungsfunke, ein ‚Im Moment noch nicht, aber'.

> **Leben Sie ‚Verständnis.'**

Hegen und pflegen Sie Ihren Außendienst. Da sind bunte Vögel darunter, oft unangepasst und eigenwillig. Wundert Sie das? Seien Sie froh drum und freuen Sie sich, dass es Menschen sind und keine grauen Mäuse. Gute Verkäufer sind Künstler. Lassen Sie ihnen Luft zum Atmen. Und dann kommt der Auftrag. Erinnern Sie sich?

© Krafthand Verlag

12. Auftrag = Arbeit

Für Sie. Für das Unternehmen. Für jede einzelne Mitarbeiterin, jeden Mitarbeiter. Das ist nichts, worüber man stöhnen müsste. Das ist, wovon wir alle leben. Das ist unser täglich Brot, buchstäblich, und wir können nicht einerseits dafür beten und andererseits drüber jammern. Also wirklich!

Sagen Sie das Ihren MitarbeiterInnen. Bis sie es wirklich kapiert haben und auch zu Hause ihrer Familie sagen: Die Sicherheit meines Arbeitsplatzes hängt davon ab, wie gut ich meine Arbeit mache. Nicht nur, aber auch. Ich bin wichtig und leiste einen Beitrag zum Bestand des Unternehmens.

Gute Arbeit sichert Arbeitsplätze.

Und deswegen macht es einen Unterschied, ob man ein Formular richtig ausfüllt oder falsch. Es macht einen Unterschied, ob man die Rechnung gleich einbucht oder auf den großen Stapel legt. Es macht einen Unterschied, ob man den Hof kehrt oder wartet, bis es regnet. Es macht einen Unterschied, ob die Kundentoiletten sauber sind oder nicht. Es macht einen Unterschied, ob man Mitarbeiter nach Qualifikation einstellt oder nach Vorurteilen. Es macht einen Unterschied, ob die Daten jede Nacht gesichert werden oder nur, wenn's einem einfällt. Es macht einen Unterschied, ob um halb fünf der Anrufbeantworter dran ist oder ein Mensch, der sich kümmert. Und es macht einen Unterschied, ob Rechnungen gleich bezahlt werden oder erst nach der dritten Mahnung.

Jedem sollte das klar sein, und er sollte sein Verhalten darauf ausrichten!

12 Auftrag = Arbeit

Sagen Sie das Ihren MitarbeiterInnen. Aber sagen Sie es nicht nur: Leben Sie es vor!

Meckern Sie nicht über das ‚Wie' – erklären Sie ‚Warum'.

Sie müssen die Kippen in der Ecke sehen, dafür sorgen, dass sie weggekehrt werden und ein Aschenbecher aufgestellt wird. Sie müssen wissen, wie Ihre Datensicherung funktioniert. Sie müssen ab und zu mal einen Rundgang machen wie die ‚alten Patrons' früher. Wunderbare Gelegenheit, den Mitarbeitern zu zeigen, dass Ihnen das wichtig ist und warum. Nicht einfach meckern: „Wie sieht das denn hier aus?" Erklären Sie es!

Werden Sie nicht müde, es zu erklären. Sie möchten, dass die Schreibtische aufgeräumt sind – nicht weil Sie heute gerade schlechte Laune haben, sondern:

- weil es auf Kunden einen guten Eindruck macht, wenn die Büros nicht aussehen und riechen wie ein Haufen Sperrmüll
- weil man findet, was man braucht, und nicht die Hälfte der Zeit mit Suchen vertut
- weil sich Unordnung aufs Gemüt legt und auf die Dauer zu einem latenten Gefühl des Unbehagens führt
- weil Ordnung also allen Mitarbeitern gut tut
- weil Unordnung an der einen Ecke unweigerlich zu Unordnung in einem weiteren Bereich führt – es ‚reißt ein' und eines schönen Tages haben Sie einen dreckigen, schlampigen Betrieb mit unmotivierten, unlustigen Mitarbeitern.

Jeder weiß das, jeder versteht das, jeder akzeptiert das. Und jeder räumt anschließend auf – freiwillig, nicht unwillig. An Jugendlichen getestet!

Belohnen

Belohnen Sie, wenn sich jemand besondere Mühe gibt. Die beste Belohnung ist – neben einem Lächeln, einem „Ich hab's gesehen, was Sie tun", einem „… und ich bin Ihnen dankbar dafür" –, wenn Sie Verantwortung übertragen.

Aber fragen Sie vorher! Nicht alle Menschen tragen gern Verantwortung. Manchen macht sie Angst. Andere wachsen mit der Verantwortung. Trauen Sie Ihrer Menschenkenntnis, aber fragen Sie auch: „Glauben Sie, Sie könnten das tun?" „Würden Sie es gern tun?" „Möchten Sie darüber nachdenken?"

In Verantwortung muss man hineinwachsen. Gerade am Anfang macht man Fehler, und die Angst davor hindert viele daran, den Schritt in die Verantwortung

Erfolg ist freiwillig 12

wirklich zu tun. Jetzt habe ich das Projekt bekommen, und was passiert, wenn es nicht klappt? Sie, der Sie ja längst Verantwortung tragen, kennen das doch nur zu gut.

Helfen Sie Ihren MitarbeiterInnen, in die Verantwortung hineinzuwachsen. Schicken Sie sie auf Seminare, wo man das lernt. Bilden Sie interne Beratergruppen, die man fragen kann, wenn man sich nicht sicher ist. Stellen Sie Neulingen persönliche Betreuer ‚auf Zeit' zur Seite.

Die Übertragung von Verantwortung schafft Selbstbewusstsein!

Haben Sie schon mal eine Schafherde gesehen? Und die Hütehunde, die sie zusammenhalten? Das ist, lachen Sie nicht, ich meine es ernst, eine verantwortungsvolle Tätigkeit, die so ein zottiger Vierbeiner da versieht. Halten Sie mal 100 Schafe davon ab, in Nachbars Garten einzubrechen und alles zu fressen, was irgendwie grün aussieht! Und bringen Sie mal abends 100 Heidschnucken wohlbehalten in den Stall zurück! Was glauben Sie, wie die jungen Hütehunde ihren Job lernen? Gibt es eine Hütehundeschule? Kauft man sie fertig ausgebildet? Mitnichten. Die Welpen lernen es von den alten, erfahrenen Hütehunden. Langsam, aber sicher. Keiner schreit, keiner bellt. Und beobachten Sie mal, wie gern sie es tun!

13. Weiterbildung einmal anders

‚Non scholae, sed vitae discimus'. Dieses alte lateinische Sprichwort heißt, falls Sie es vergessen haben oder nur auf Deutsch kennen: ‚Nicht für die Schule, sondern für das Leben lernen wir.' Na gut, bei den alten Römern mag das ja noch der Fall gewesen sein, aber heute verdoppelt sich unser Wissen alle paar Jahre, so dass aus dem ‚Lernen für das Leben' ein ‚lebenslanges Lernen' geworden ist.

Man kann es natürlich auch lassen. Aber da es die anderen tun, geraten Sie ins Abseits, ganz fix und ohne es zu merken. Beziehungsweise Sie merken es erst, wenn es zu spät ist.

Für vieles was die Schule nicht angeboten hat, immer noch nicht anbietet oder gar nicht anbieten kann, könnten Sie eine Plattform bieten. Die ganze ‚Computerei' ist für viele Menschen noch ein Gebiet, in dem sie sich nicht sicher fühlen. Kein Wunder, es ändert sich ja auch dauernd. Aber ohne Computer läuft heute nicht mehr viel, und man muss am Ball bleiben. Jeder muss am Ball bleiben, nicht nur die Spezialisten.

Was ist mit den Fremdsprachen? Englisch lernen die meisten in der Schule, vielleicht noch französisch. Manche sprechen italienisch, spanisch, türkisch, weil ihre Eltern von dort stammen. Aber wer kann schon eine osteuropäische Sprache? Oder gar chinesisch? Und doch sind dort die neuen Märkte, und die, die rechtzeitig ihre Mitarbeiter darauf vorbereitet haben, haben bereits Fuß gefasst in Moskau, Prag, Budapest, Hongkong, Shanghai.

Schulungen sind eine Investition, die sich lohnt. Und sie müssen nicht einmal etwas kosten.

So haben zum Beispiel viele Lieferanten ein Interesse daran, ihre Kunden mit ihren neuen Produkten, Techniken, Serviceleistungen vertraut zu machen. Und wenn es in Form von Betriebsführungen ist. Was überhaupt eine gute Idee ist:

Schaffen Sie Netzwerke durch neue Kontakte.

13 Weiterbildung einmal anders

Organisieren Sie Betriebsführungen zusammen mit Ihrer IHK. Die Industrie- und Handelskammern haben in der Regel Bedarf an attraktiven Angeboten. Und wenn die Betriebe sich reihum gegenseitig besuchen, lernen viele Menschen viel voneinander. Es erweitert den Horizont, und man kommt auf neue Ideen. Außerdem schafft es neue Kontakte, und wer kann die nicht brauchen heutzutage?

Öffnen Sie Ihren Betrieb nach innen und außen.

Da wir gerade bei Kontakten sind, die jeder braucht: Vorhin haben wir uns darauf geeinigt, dass das Abteilungsdenken ein Hindernis ist. Dass wir Grenzen, auch und gerade innerbetriebliche, niederreißen müssen. Weil sie zu nichts nütze sind außer der Pflege von eifersüchtig gehüteten Erbhöfen, nicht wahr? Eine wunderbare Gelegenheit, diese Grenzen zu überwinden, sind interne Seminare.

Spielen wir doch mal ein bisschen mit unserer Phantasie: Der reichste Mann der Welt hat, wie alle paar Jahre wieder, dafür gesorgt, dass wir neue Programme kaufen und installieren dürfen. Bleibt es dabei? Mitnichten. Nun darf nicht alles, aber doch eine Menge neu gelernt werden. Unsicherheit, Angst, Unzufriedenheit macht sich breit. Nur leise – wer wird denn zugeben, dass er/sie/es mit dem Computer nicht klarkommt? Wie die Fernuniversität Hagen in einer Studie herausgefunden hat, gaben 1,5 Prozent der PC-Nutzer zu, den Monitor oder gar den ganzen PC absichtlich fallen gelassen zu haben. Fast jeder Dritte hat demnach mindestens einmal mit der Maus geschlagen, und gar zwei Drittel brüllen gelegentlich ihren Computer an (gefunden bei: wdr.de).

Nutzen Sie internes Wissen intelligent für die eigene Sache.

Schöne Gelegenheit, Vertrauen zu zeigen: Ihr IT-Chef fragt, wer von den jungen Freaks in seiner Abteilung mal ein kleines internes Seminar abhalten möchte – nur einen Nachmittag lang. Über all das, was da so nervt und wie man es richtig macht, ohne dass der Blutdruck in den zweiten Stock klettert.

Und zu diesem Seminar werden MitarbeiterInnen aus allen (in Worten: allen) Abteilungen eingeladen. Und bunt durcheinander gesetzt. Damit die Grenzen fallen!

Drei Fliegen mit einer Klappe: Weiterbildung, Vertrauensbildung, Mitarbeiterkontakte. Nicht schlecht für einen Nachmittag – oder?

Weitere Themen

Zum Thema ‚Weiterbildung' gibt es mehr zu erzählen, als mir und Ihnen einfallen würde – selbst wenn wir auf einer langweiligen Zugfahrt von Amberg nach

Bamberg über nichts anderes reden würden. Wieso gerade Amberg und Bamberg? Spielt keine Rolle. Wahrscheinlich, weil es sich reimt.

Sie und ich wissen, dass es ausgesprochen tüchtige Mitarbeiter gibt, denen man das nicht so auf den ersten Blick ansieht. ‚Rasta-Locken', Ringe durch Lippe und Augenbraue, zerrissene Hosen, Horror-T-Shirts und Gruftisschminke machen einfach nur eine bestimmte (und relativ kleine) Gruppe von Menschen an. Derlei Äußerlichkeiten sind Ausdruck der Persönlichkeit und sagen nichts, aber auch gar nichts über die Qualifikation aus. Und trotzdem – mancher Chef hat Schwierigkeiten damit, solche Mitarbeiter mit Kunden in Kontakt zu bringen. Es sei denn, Sie haben ein Piercing-Studio, versteht sich.

Nur gut, dass wir alle keine Vorurteile haben und ganz besonders unsere Kunden nicht. Aber wie sag ich's meinem Kinde? Sie werden es kaum glauben: Es gibt Seminare für so etwas. Da lernt man, wie man sich anzieht, pflegt, zurechtmacht und auftritt. Und warum so etwas wichtig sein kann bei der Arbeit. Zu Hause kann jeder machen, was er oder sie will.

Ein Kapitel für sich sind die brillanten Köpfe. Man findet sie oft unter den Technikern oder in der Entwicklungsabteilung. Super Ideen, geniale Gedanken, nur – sie können sie nicht vermitteln. Sie sind hilflos verloren, wenn es um die einfachsten Grundsätze der Kommunikation geht. Oft merken sie es nicht einmal, sondern halten die anderen für doof oder unwillig. Sie wissen nicht, dass sie ein Problem haben.

Aber Sie als Chef wissen es und es wäre ja nur ach zu schön, wenn man seinen Entwicklungschef auch mal mit zum Kunden nehmen könnte, ohne dass er ungeduldig wird und der Kunde etwas nicht gleich versteht. Ich habe es erlebt, dass so etwas zur Existenzfrage für einen Betrieb werden kann. Stellen Sie sich vor, Sie haben eine Softwareschmiede mit einem absoluten Überflieger in der Systementwicklung. Ihr Kunde ist ein regionaler Verband von Krankenhäusern, und Ihre Aufgabe ist es, ein System zu schaffen, das die Patientendaten aller dieser Institutionen unter einen Hut bringt. Schließlich wäre es ja sinnvoll, wenn eine schwangere Frau, die sich den Fuß gebrochen hat, eingeliefert wird und man sofort Zugriff auf ihre bisherige Behandlungsakte hat – Krankheitsgeschichte, Medikation, Vorbelastungen. Also, so ein System muss her und Ihr Chefentwickler redet begeistert von ‚Clustern' und ‚Tupeln' und Relationen, und Ihre Kunden verstehen nur ‚Bahnhof'. Denn sie denken in Diagnosen, Krankheitsbildern und Heilungsverläufen.

Über den Tellerrand schauen.

13 Weiterbildung einmal anders

Was glauben Sie, wie viele Meetings es braucht, bis dieser Auftrag tot ist?

Für derartige Risiken und Nebenwirkungen empfiehlt sich der Einsatz von externen Kommunikationstrainern. Wenn Sie keinen wissen, lesen Sie die Packungsbeilage zu diesem Buch!

Bildungsurlaub

Als ich noch Student war, traf ich in einer völlig verrauchten Kneipe in Heidelberg einen amerikanischen Professor. Ich probierte meine Englischkenntnisse an ihm aus, und es stellte sich heraus, dass der Professor ein ‚Sabbatical Year' machte. Damals hörte ich das Wort zum ersten Mal und ich fand es schon damals eine gute Idee. Ich finde es immer noch eine gute Idee, aber ich habe niemand mehr getroffen, der wirklich eines macht.

Jedes siebte Jahr hatte der Professor frei und durfte, nein musste in diesem Jahr herumreisen, andere Universitäten kennen lernen und die Kollegen (sowie Studenten) selbst, Kontakte knüpfen, neue Eindrücke bekommen, auf Ideen kommen, diskutieren, Neues lernen, Altes in Frage stellen, loslassen, Krusten aufbrechen, frei werden.

Da könnte man neidisch werden, oder?

Was halten Sie von folgender Variante – selbst erlebt in einem Autohaus, für das ich gearbeitet habe: Ein eigentlich guter Verkäufer lässt seit einiger Zeit spürbar nach. Seine Verkaufszahlen gehen zurück. Man hat sogar mitbekommen, wie er gegenüber einem Kunden die Geduld verloren hat – zu Recht, aber trotzdem –, laut werden kommt einfach nicht in Frage.

Der Chef beobachtete das eine Weile und sagte nichts. Dann lud er ihn ein in sein Zimmer und machte die Tür hinter sich zu. Es folgte ein ernstes Gespräch, bei dem der Chef weitgehend zuhörte und der Verkäufer sprach. Von seiner Ehe, die im Moment nicht so gut lief. Er hätte halt Probleme mit seiner Frau. Der Sohn hätte einen Unfall gehabt. Die Hypothek ist erhöht worden. Und jetzt gehen noch die Provisionen zurück. „Aber Chef, das wird wieder", entgegnete er, „glauben Sie mir, ich mache alles, ich reiße mich zusammen, das wird wieder."

Bildungsurlaub statt Sanktionen. So geht es auch!

Worauf der Chef erst schwieg und dann seinen Verkäufer ansah und dann sagte: „Herr Meier (Name von der Redaktion geändert), Sie wissen, dass ich große Stücke auf Sie halte. Sie sind einer unserer besten Mitarbeiter. Ich sehe auch, dass Sie im Moment Probleme haben. Jeder hat die mal. Was halten Sie davon – hier zögerte er etwas und schaute seinem unglücklichen Verkäufer in die Augen –, ich möchte, dass Sie vier Wochen Urlaub nehmen, bezahlten Urlaub. Und in diesen vier Wochen die ‚Route 66' fahren. Ich weiß, dass Sie das schon immer mal tun wollten. Sie haben es mir oft genug erzählt. Sehen Sie es als Bildungsurlaub. Berichten Sie uns, wenn Sie zurück sind alles über Autofahren in den USA. Und danach sehen wir, wie es weitergeht. Okay? Reden Sie mal mit Ihrer Frau darüber, und sagen Sie mir am Montag Bescheid."

Da schluckte der Verkäufer heftig, und ausgerechnet in diesem Moment musste ihm doch eine Fliege ins Auge geraten sein. Seltsam, wie das Leben spielt.

- **‚Aus dem Nähkästchen' – ungewöhnliche Handlungen, ungewöhnliche Ereignisse**

   Vor vielen Jahren habe ich mich entschlossen, ein weiteres Musikinstrument zu erlernen. Es sollte eines sein, bei dem man ohne größere Vorbereitung gleich ‚loslegen' kann. Ich wählte die Querflöte.

   Ob alle Voraussetzungen des ‚gleich Loslegens' erfüllt wurden, ist nicht sicher, aber im Besitz eines schönen Instruments begab ich mich in ein Konservatorium zu einer jungen Lehrerin, die nur in der Gruppe unterrichtete. Von meinen früheren Musikunterrichten mit anderen Musikinstrumenten erwartete ich, dass nun der Tonansatz, die Tonleitern und Etüden geübt werden würden. Weit gefehlt!

   Die Lehrerin machte uns Anfängern in der ersten Stunde klar, dass ein Musikinstrument nicht ein ‚Instrument' sei, bei dem es in erster Linie auf Beherrschung von Technik ankäme. Vielmehr sei es ein ‚Medium', eine neue Welt zu vermitteln – nämlich die Welt der Musik. Und sie beteuerte, dass man zum Beispiel mit der Flöte Geschichten erzählen könne. Alle Urvölker wüssten das und hätten so seit Urzeiten ihre Musik als Sprache, eben als Medium benutzt. Und dass man damit sofort beginnen könne, ohne die ‚Technik' zu beherrschen.

   Ich war sehr verwundert und erstaunt, denn diese Sichtweise war ganz neu für mich. Natürlich war ich aber auch neugierig, was jetzt passieren würde. Sie stellte folgende Aufgabe: „Denkt euch eine Ge-

13 Weiterbildung einmal anders

schichte aus und erzählt sie uns mit der Flöte – ganz spontan, wie es aus euch herauskommt. Lasst es fließen!"

Ich stellte mir vor, wie ich an einem sonnigen Morgen über einen toskanischen Markt gehe, die Gerüche des Marktes, die Frische des Gemüses, die Farben der Früchte und die Ausrufe der Marktleute in mir aufnehme, froh und gelassen durch die Marktgassen schlendere und das Leben von seiner heitersten Seite genieße.

Dann nahm ich die Flöte, schloss die Augen und ließ alle die gefühlten Eindrücke in Töne fließen. Sie bildeten sich nicht durch meinen Willen, sondern ganz von allein. Schnelle Tonfolgen, lautstark und kraftvoll, wechselten sich mit lockeren Passagen ab. Helle Töne und gefühlvoller Ausdruck mit mehr dunklen Tonfolgen ergaben sich ganz von selbst – eigentlich ohne meine Zutun. So manifestierten sich die Rufe der Marktleute, die satte Farbe der Auberginen, die schwere Süße der Früchte, die Frische der Salate, die Gerüche der Würste und des Käses.

Ganz von selbst kam das Schweigen der Flöte und danach war es noch lange still im Raum. Wie aus Trance erwachten ich und meine Zuhörer. Ich war sehr verwundert über die Intensität der Gefühle, die im Raum spürbar waren.

Ganz langsam kamen die ersten Worte der Zuhörer, eher tastend und zaghaft:

„Du bist irgendwo gelaufen, eher langsam als schnell. Dort wo du warst, hat es dir gefallen. Du hattest eine Menge von Eindrücken an diesem Ort. Du bist nicht gern weggegangen, als du zu spielen aufgehört hast. Du warst allein, es hat kein Dialog stattgefunden."

Ein Zuhörer wurde konkret: „Es könnte ein Gang durch wogende Kornfelder an einem Sommertag gewesen sein."

Ich bin völlig verblüfft, wie nahe die anderen Teilnehmer des Kurses meiner erlebten Geschichte gekommen sind. Und das alles am ersten Tag, in der ersten ‚Flötenstunde'! Ohne Technik!

Erfolg ist freiwillig

Das war ein ganz besonderes Erlebnis mit sehr starken Eindrücken!

Seitdem bin ich überzeugt, dass in uns allen Fähigkeiten schlummern, die man nicht ‚erlernen' muss, sondern die einfach da sind. Man muss sie nur ‚ent-decken'(im übertragenen Sinn heißt das ‚den Deckel, die Decke wegnehmen'), mit Gefühlen und Emotionen umgehen, sie als etwas Wunderbares begreifen.

Seitdem weiß ich auch, dass das Wort nur eine von vielen Möglichkeiten ist, sich verständlich zu machen. Wer geht schon auf ‚Entdeckungsreise' bei seinen Mitarbeitern, wer kennt ihre verborgenen Fähigkeiten und nutzt sie gern, weil sie einfach da sind? Und wer erlaubt schon seinen Mitarbeitern, selbst auf Entdeckungsreise zu gehen?

Fazit: Ungewöhnliche Handlungen produzieren oft unerwartete Ergebnisse!

14. Wer ist bei uns für was zuständig?

Lasst mich mal ran!

Franz Kafka beschreibt sehr eindrücklich in seinen Romanen ‚Das Schloss' und ‚Der Prozess' mit Worten, die unaufhaltsam unter die Haut kriechen, wie man sich in der Grauzone fühlt. Da werden namenlose Menschen von undefinierten Mächten an nicht genau festgelegte Orte geschickt, ohne dass sie recht wissen, warum eigentlich. Sie wissen nicht, was sie da sollen. Und dann passiert etwas mit ihnen oder auch nicht. Das wird nie so recht klar – am wenigsten ihnen selbst.

Wir brauchen Orientierung. Jeder Mensch muss wissen, wer er ist, wo er steht, was er zu tun hat. Und Ihre Aufgabe als Chef ist es, diese Orientierung zu geben. Immer und zu jeder Zeit!

Jeder Mensch braucht Orientierung.

Eines der Hilfsmittel dazu ist ein klares Organigramm. Ein Organigramm ist eigentlich nichts weiter als eine Landkarte der Kompetenzen: Wo stehe ich? Wer hat mir etwas zu sagen und wem sage ich etwas?

Leider sind Organigramme, wenn sie nicht gelebt werden, nicht mal das Papier wert, auf das sie so mühsam gezeichnet worden sind. Auch nützt es nicht viel, wenn sie nur im Chefzimmer eingerahmt an der Wand hängen. Was nützt eine Landkarte, die niemand zu sehen bekommt? Mit ‚Organigramm leben' meine ich, dass Sie als Chef darauf achten müssen, dass die Landkarte auch die Realität abbildet und nicht irgendein Wunschbild.

Ein Organigramm schafft Klarheit – muss aber gelebt werden!

Häufig unterlaufen informelle Strukturen die Organigramme und deren Absicht. So taucht manch eine Chefsekretärin im Organigramm gar nicht oder nur am Rande auf, dennoch verfügt sie oft über eine beträchtliche Macht. Auch habe ich noch nie eine Ehefrau des Chefs in einem Organigramm gesehen – Sie viel-

14 Wer ist bei uns für was zuständig?

leicht? Und doch sollte man sie nicht unberücksichtigt lassen. Sie kann die schönsten Projekte mit einem Stirnrunzeln kippen – einem harmlosen „Findest du wirklich?". Die Geschichte ist voll von mächtigen Frauen, die in keinem Organigramm verzeichnet waren. Jeder Napoleon hat seine Josephine!

‚Versteckte' Machtausübung durch ‚Erbhöfe' bekämpfen.

Hierarchie ist das eine, aber Prozedur ist das andere. Wir alle haben schon unter subalternen Beamten oder Funktionären gelitten, die Entscheidungen einfach blockiert haben. Ein Stapel, bei dem Ihr Projekt ganz unten liegt, ist ein Machtfaktor, gegen den Sie machtlos sind. Alle Vorschriften werden eingehalten und nichts bewegt sich mehr. Sie können Stücke aus dem Schreibtisch beißen – nix hilft. Warten Sie gefälligst, bis Sie dran sind! Das ist Macht, die nicht im Organigramm steht.

■ *Checkliste für eine gute Organisation*

Flache Hierarchien
- *Es werden im Betrieb nur wenig Über- und Unterordnungsstufen im Organigramm ausgewiesen.*
- *Die Abteilungen machen sich keine persönliche oder fachliche Konkurrenz.*
- *Das Informationssystem ist durchgängig und nicht hierarchieabhängig (kein ‚Herrschaftswissen').*
- *Es finden regelmäßige Treffen der Abteilungsleiter mit vorheriger Themenfestlegung und Protokollierung der Besprechungsergebnisse/Maßnahmenfestlegung/Umsetzungsverantwortung statt.*
- *Die Festlegung der Organisation hat sachliche, keine machtpolitischen Gründe.*
- *Die Organisation wird stets an aktuelle Veränderungen des Betriebs angepasst.*

Klare Festschreibung der Kompetenzen, Verantwortungsbereiche und Arbeitsabläufe
- *Es finden keine Übergriffe durch die Führung nach unten statt.*
- *Die Verantwortungsbereiche und Kompetenzen sind schriftlich festgelegt, werden auch von der Führung respektiert und aktuell den betrieblichen Anforderungen angepasst.*
- *Die wichtigsten Arbeitsabläufe werden als Prozesse für jedermann nachvollziehbar festgelegt.*

Erfolg ist freiwillig

- *Abänderungen der Arbeitsabläufe können von jedem Mitarbeiter initiiert werden, wenn es dafür gute Gründe gibt.*
- *Den Grundsatz: ‚Der Ober sticht den Unter' gibt es im Unternehmen nicht.*
- *Geeignete Mitarbeiter werden als ‚Gutachter' oder ‚Sachverständige' in Beratungen über Probleme gehört und in den Problemlösungsprozess aktiv eingebunden.*

Wenig Improvisation
- *Die Organisation muss die Arbeitsabläufe im Vorhinein stabilisieren.*
- *Wenn ‚improvisiert' wird, muss der Grundsatz 80:20 herrschen (80 Prozent funktionieren wie geplant und festgeschrieben, 20 Prozent lassen sich nicht vorhersehen und müssen improvisiert werden).*
- *Rückfragen sind zu vermeiden, da alles (vorher) klar und geregelt sein muss.*
- *Alle Lieferanten und externen Dienstleister sind in das Organisationssystem mit einzubinden (zum Beispiel Anlieferung beziehungsweise Dienstleistungserbringung an bestimmten Tagen, zu bestimmten Zeiten, an bestimmten Orten, nach vorher festgelegtem Verfahren etc.).*
- *Sich inhaltlich wiederholende Improvisationen sind schriftlich festzuhalten, da sie ein Hinweis auf mangelnde Organisation sind (Fehlermanagement!).*

In der Praxis sind Regeln für Arbeitsabläufe und ein Organigramm sinnvoll. Die meisten Tätigkeiten in einem Unternehmen lassen sich in typischen Abläufen beschreiben. Diesen Abläufen werden Personen oder Zuständigkeiten zugeordnet.

Arbeitsprozesse standardisieren und festlegen!

Wie funktioniert zum Beispiel ein Autokauf?

Ein Kunde kommt ins Autohaus. Da er kaum zu Fuß kommt, braucht er einen Parkplatz. Für die Parkplätze zuständig ist Frau/Herr A – es ist ihre/seine Aufgabe, dafür zu sorgen, dass niemand die Kundenparkplätze mit Gebraucht-, Privat- oder Chefwagen (ja, auch das!) belegt. Er/sie hat dafür Sorge zu tragen, dass die Parkplätze sauber sind – kein Schnee, kein Eis, keine Blätter, kein Papier, kein Dreck. Und dass sie sauber und deutlich gekennzeichnet sind.

14 Wer ist bei uns für was zuständig?

Der Kunde betritt den Schauraum. Für das Ambiente ist Frau/Herr B. zuständig. Sie/Er kümmert sich um die Sauberkeit der Fahrzeuge, die Beleuchtung sowie darum, dass die Grünpflanzen nicht vertrocknen. Das heißt nicht unbedingt, dass sie selber gießen soll – es ist lediglich ihre Verantwortung. Sie kontrollieren, ob Frau/Herr C. auch regelmäßig gießen. Und nicht mit dem Putzwasser, bitte!

Damit der Kunde nicht ewig allein und orientierungslos im Schauraum herumwandern muss, haben die Verkäufer die Aufgabe, auf Interessenten zuzugehen und sie zu begrüßen.

Für den Kontakt mit dem Kunden sind die Verkäufer D, E, F zuständig. Ihre Aufgabe ist es, eine Beziehung zum Kunden herzustellen, ihn nach seinen Wünschen zu fragen, ihn zu informieren, zu beraten, ihm ein Auto zu verkaufen. Es versteht sich von selbst, dass zwischen Beratung und Verkauf noch eine Reihe von anderen Punkten stattfinden können – Probefahrt, Finanzierungsberatung, Besprechung der Lieferfristen, Extras und Sonderwünsche. Und viele Interessenten (schön wär's) kaufen ja auch nicht beim ersten Mal.

Damit ist es natürlich nicht getan. Irgendwann kommt das Fahrzeug, muss in die Werkstatt und herausgeputzt werden, eine Menge Papierkrieg findet statt. Zulassung, Versicherung, Gebrauchtwagen, Bezahlung. All diese Tätigkeiten werden wie oben angedeutet beschrieben, und jeder Tätigkeit wird ein zuständiger Mensch zugeordnet. Mit klaren Beschreibungen, was von wem zu tun ist – und wie es zu tun ist!

■ *Die berühmten ‚5 Ws' helfen uns auch hier weiter:*

1. *Was ist zu tun?*
2. *Wer macht es?*
3. *Wann?*
4. *Wo?*
5. *Wie muss es getan werden?*

Jeder weiß, was er zu tun hat. Jeder weiß, dass er ein Glied in einer Kette ist, ohne das es nicht geht. Wenn der Parkplatz voller Schnee ist, fährt der Kunde weiter. Pech gehabt, 30.000 Euro weniger Umsatz. Wenn der Kunde wieder geht, weil ihn niemand anspricht – Pech gehabt, 50.000 Euro weniger Umsatz. Jeder

Mitarbeiter ist wichtig, und jede Tätigkeit ist wichtig. Auch Schneeschaufeln. Und Blumengießen!

Für Sie als Chef gibt es einen weiteren und wichtigen Aspekt dabei: Wenn diese Ablaufbeschreibung erarbeitet ist – und das brauchen Sie ja nicht selbst zu tun –, spart sie Ihnen enorm viel Zeit. Das ist wie ein gutes Programm am Computer: Wenn es einmal sauber programmiert ist und die Kinderkrankheiten behoben sind, läuft es von allein. Wie am Schnürchen. Der Kleinkram ist weg von Ihrem Schreibtisch, und Sie können sich ganz Ihrer Führungsaufgabe widmen: den Menschen in Ihrem Betrieb.

Andererseits heißt das auch, dass Sie sich bitte zurückhalten und keinem in seinen Bereich hineinregieren. Haben Sie Vertrauen, das regelt sich von selbst. Und wenn es sich nach einer Weile nicht von selbst regelt, dann stimmt was nicht am System. Kein Grund, Mitarbeiter zurechtzuweisen oder anzublaffen, ihnen Befehle zu erteilen und das Gleichgewicht zu stören. Bauen Sie lieber regelmäßige Mitarbeitergespräche ein in Ihren ganz persönlichen Arbeitsplan, sowohl in Gruppen als auch einzeln. Wenn Sie es wirklich wissen wollen, sagen Ihnen Ihre MitarbeiterInnen schon, was besser sein könnte. Und Ihre Mitarbeiter sollten es Ihnen wirklich sagen, in aller Ruhe, statt zu Hause, voller Zorn, ihrem jeweiligen Ehepartner. Oder den Freunden am Stammtisch.

Lassen Sie Ihre Mitarbeiter ran. Sie wissen im Detail mehr als Sie!

Hören Sie Ihren MitarbeiterInnen zu. Nehmen Sie sie ernst. Schreiben Sie sich Stichworte auf! Sagen Sie: *„Danke, das ist eine gute Anregung. Das sollten wir mit Xy diskutieren."* Wenn Ihnen von Reibereien berichtet wird, dann versuchen Sie, die Gründe für den Konflikt herauszuarbeiten. Die Meinung, dass Müller eben ein krummer Hund ist, führt zu gar nichts. Die Frage ist: Warum kritisiert Müller immer an Meier herum? Geht es ihn überhaupt etwas an? Gehört Meier zu seinem Bereich? Liegen die Reibereien an Bereichskonflikten?

Hören Sie geduldig zu – Sie erfahren mehr, als Sie glauben!

Immer, wenn die Putzfrau gerade geputzt hat, kommen die Gärtnerinnen aus dem Gewächshaus. Mit ihren dreckigen Gummistiefeln, versteht sich. Und die Putzfrau kann gerade wieder von vorn anfangen und schreit deswegen die Gärtnerinnen an – eine nach der anderen. Aber sie haben die Zeiteinteilung nicht gemacht. Vielleicht lassen Sie die Putzfrau einfach eine halbe Stunde später kommen, und dieser ewige Reibungspunkt fällt weg.

Einer der häufigsten Gründe für Konflikte ist die mangelnde Information. Wenn ich nicht weiß, warum der Lagerverwalter jede einzelne Glühbirne in seinen Computer eingeben muss, empfinde ich ihn als stur, unflexibel und unwillig.

Entschärfen Sie Konflikte!

14 Wer ist bei uns für was zuständig?

Wenn ich nicht der Einzige bin, der das nicht weiß, wird der Lagerverwalter jeden Tag vierundzwanzigmal angemotzt. Er kann das Trommeln der Finger auf seiner Theke wirklich nicht mehr hören. Das ist der Knopf, auf dem ‚Adrenalin' steht. Der Puls springt in den roten Bereich, die Atmung beschleunigt sich, die Nackenhaare richten sich auf, und er denkt sich zähneknirschend: „Ihr könnt mich alle mal – jetzt mach ich es erst recht gemütlich. Ihr werdet schon sehen." Bis eines Tages der frisch gebackene Mechaniker, der vor lauter Testosteron keine zwei Sekunden ruhig stehen kann, durchdreht und mit der Faust auf die Theke haut und es richtig Zoff gibt.

Meine Güte, wie unnötig! Sagen Sie Ihren MitarbeiterInnen, wer was, wann, wo und wie zu tun hat. Und WARUM! Das ist das sechste ‚W' in der Liste.

■ „Wer ein Warum hat, kann fast jedes Wie ertragen."
  Nietzsche

15. Sagen, was Sache ist

Die ‚Information' ist ein mächtiges Führungsinstrument!

Die ‚Information' ist ein ‚spottbilliges' Führungsinstrument.

Strategie, heißt es, ist die Notwendigkeit Entscheidungen trotz unzureichender Informationen zu treffen. Wenn man alle Fakten kennen würde, könnte jeder die richtige Entscheidung treffen. Das wäre simpel. Aber oft weiß man es eben nicht, wollen die Kunden lieber Geländewagen oder Elektroautos? Sollen die Röcke länger oder kürzer werden? Werden die Aktien fallen oder steigen? Was kommt nach dem Internet? Ist Gentechnik sicher oder nicht? Sollen wir Straßen bauen oder Schienen legen?

Man weiß es eben nicht. Da werden Menschen im Irak zu Tode gebombt, weil man angenommen hatte, es gäbe ‚Massenvernichtungsmittel'. Entweder war das eine falsche Information, oder man hat bewusst (was nun Schritt für Schritt offiziell wurde) die Falschinformation in die Welt gesetzt, um politische Ziele zu erreichen. Noch liegen die detaillierten Informationen darüber in den Geheimarchiven. Unsere Enkelkinder, sofern sie sich dafür interessieren, werden die ganze Wahrheit erfahren.

Wenn man es nicht weiß, muss man sich eine Meinung bilden. Das ist die Stunde der Meinungsmacher und ‚Manipulateure'. Da kann man wunderbar Ängste schüren – damit die Herde dichter zusammenrückt und ungefragt tut, was der Leithammel sagt. Nicht, weil es richtig ist, sondern weil er es sagt. Ob es richtig ist, weiß man ja nicht, und bald will es auch niemand wissen. Nichtwissen ist unbequem. Das ist, wie wenn man auf einem spitzen Stein sitzt. Dann lieber dem Leithammel ‚hinterhertrotteln'. Da macht man wenigstens nichts falsch.

Kehren wir aus der großen weiten Welt wieder an den heimischen Schreibtisch zurück. Wenn Sie als Chef nicht Ihre Mitarbeiter informieren, und zwar

15 Sagen, was Sache ist

Die klare ‚Information' ist ein gutes Mittel gegen Gerüchte.

über alles was sie betrifft, vollständig und wahr, dann fängt die Gerüchteküche an zu brodeln. Auch in Unternehmen kann es Meinungsmacher und Manipulateure geben, die gern eine Herde hinter sich haben. Und schon haben Sie genau die Polarisierung, die Sie nicht brauchen können: Die da oben (die Bösen) – wir da unten (wir Guten). Die da oben wollen uns unsere Leistungszulage streichen! Wir machen die ganze Arbeit, und die da oben streichen die dicken Gewinne ein. Die da oben wollen keinen Betriebskindergarten einrichten! Die da oben wollen unsere Kantine zumachen. Die da oben verhandeln schon mit Investoren. Bald werden wir verkauft, und dann sitzen wir alle auf der Straße.

Notabene – von all dem braucht kein Wort wahr zu sein. Von wegen, sagen die Leute. Wo Rauch ist, ist auch Feuer. Aber: „Ein frischer Mist tut's auch", sagte der Komiker Roda Roda. Wenn Sie nicht informieren, spielen Sie mit dem Feuer.

■ ‚Aus dem Nähkästchen' – miteinander Reden

Miteinander reden und dabei verstanden werden halte ich für eines der großen Wunder im Leben. Klingt ziemlich pathetisch, aber ich empfinde das wirklich so. Und das will verdeutlichen:
Ich spreche mit jemandem, den ich zum ersten Mal im Leben gesehen habe:

Ich habe keine Ahnung wie es ihm geht. Ich weiß bestenfalls seinen Namen, den ich bei der Vorstellung kaum verstanden habe. Ganz banal, ich habe keine Ahnung, wer er (sie) ist, ob es ihm heiß oder kalt ist, ob er Schmerzen hat, ob er Angst hat oder gerade vor Tatendrang strotzt. Ob er Hunger hat, gerade etwas Schlimmes erlebt- oder gerade die Liebe seines Lebens getroffen hat usw. usw. Ich weiß noch nicht mal, wie ‚blau' jemand den Himmel sieht. Denn es gibt viele ‚Blau' auf dieser Welt.

Und nirgendwo gibt es einen ‚Bildschirm' an der Person, wo ich entsprechende Informationen neutral bekommen kann. Ich bin also auf Beobachtungen angewiesen, auf Interpretationen, auf Vermutungen und auf meine Intuition und meinen Instinkt.

Da hilft nur die Sprache oder besser, die Kommunikation miteinander. Dazu muss einer sprechen und einer zuhören. Ob beides gleich-

zeitig passiert ist sehr fraglich, denn ich kann als Sprechender niemand zwingen, mir zuzuhören. Und schon gar nicht kann ich andauernd fragen, ob mich der Zuhörende verstanden hat. Wenn man jetzt noch weiß, dass der normal Sterbliche nicht mehr als drei bis vier Informationen gleichzeitig verarbeiten und behalten kann, wird die Sache mit dem Wunder schon verständlicher.

Man hat viel geforscht auf diesem Gebiet und festgestellt, dass jede Botschaft, die jemand sendet (also spricht), vier Seiten hat, die man sich als ‚Nachrichtenquadrat' vorstellen kann. Demnach enthält jede, wirklich jede(!) Botschaft vier Seiten: Erstens die sachliche Information. Dann enthält die Nachricht eine Aufforderung (einen Appell), eine Aussage über den, der die Botschaft sendet und als vierte Seite eine Definition der Beziehung, zu dem man spricht. Klingt kompliziert und ist es auch. (Wer mehr wissen will, schlage nach bei Schulz von Thun ‚Miteinander reden').

Auf den Zuhörenden prasseln also bei jeder Botschaft die vier Seiten (Sachliche-, Appell-, Selbstkundgabe- und Beziehungsseite) ein. Und er nimmt sie wahr – ob er will oder nicht. Dazu kommt noch der Tonfall, in dem die Botschaft ‚gesendet' wird, und obendrein die Körpersprache. Und wir können das intuitiv erfassen. Darauf sind wir von Natur aus programmiert! Das allein ist schon ein Wunder! Oder?

Warum erzähle ich das alles? Weil es keinen Sinn macht, einem anderen etwas vormachen zu wollen, ihn zu belügen oder auszutricksen. Allein der Versuch macht misstrauisch und die Folge ist gebrochenes Vertrauen. Das wiederherzustellen ist fast unmöglich.

Wir haben gesunde Entdeckungsmechanismen, die funktionieren. Ähnlich wie das Gewissen. Jeder hat eines und es funktioniert, wenn ich genau ‚hinhöre'. So können wir auch instinktiv zwischen Wahrheit und Lüge unterscheiden, wenn wir nur achtsam sind und genau zuhören und gleichzeitig hinschauen.

Übrigens ein Grund, dass heute so viele Partnerschaftsvermittlungen auf elektronischer Basis funktionieren (oder eben nicht funktionieren, weil die persönliche Begegnung im ‚Erfolgsfalle' meist enttäu-

15 Sagen, was Sache ist

schend verläuft). Beim Internet-Chat kann ich vom Gegenüber nichts wahrnehmen außer seinem Synonym. Und seiner Darstellung, wer er sein will. Die wahre Person beziehungsweise Persönlichkeit wird vertuscht, und alle Signale zum instinktiven Überprüfen sind ausgeblendet. Wenn es dann zur Begegnung und damit zur Stunde der Wahrheit kommt, ist schon im Vorfeld oft Ende der Begegnung.

Die sachliche Information macht nur 7 Prozent, der Tonfall 38 Prozent und die Körpersprache 55 Prozent der Wirkung der Kommunikation aus. Und im ‚elektronischen Verkehr' bleiben nur die 7 Prozent. Und das reicht selten aus, wenn es wirklich ‚klick' machen soll. Hätten Sie's gewusst?

Zurück zum Unternehmen: Der Unternehmer hat nur eine Chance, Vertrauen und volles Mitmachen bei seinen Mitarbeitern zu erreichen und damit Fluktuation und schädliches Misstrauen zu verhindern. Er muss offen und ehrlich seine Ziele und Vorstellungen kommunizieren und sich verständlich machen, wenn er Akzeptanz bei seinen Mitarbeitern anstrebt. Vergessen Sie nie: Die Wahrheit des Tages ist, was der Mitarbeiter/die Mitarbeiterin abends seiner Frau/ihrem Mann erzählt. Nicht das, was er im Betrieb sagt!

Gleiches gilt für den Umgang mit Kunden: Machen Sie Ihren Kunden nichts vor. Nutzen Sie keinen Informationsvorsprung, um die Kunden übers Ohr zu hauen. Seien Sie ehrlich. Der Kunde kommt Ihnen so oder so auf die Schliche und wird diese Erkenntnis zehnmal weitererzählen als Warnung vor Ihrem Unternehmen. Diese negative ‚Weiterempfehlung' können Sie nicht verhindern und kostet Sie viel Geld! Ihr Geld. Und Sie haben diese Ursachenkette ausgelöst. Punkt! Keine Ausrede möglich!

Nutzen Sie die EDV als Kommunikationsinstrument.

Dabei ist es heute so einfach. Ein Intranet oder eine eigene Website mit besonderem, geschütztem Zugang nur für Mitarbeiter – das ist doch heutzutage keine Affäre mehr. Da braucht es keine Werkszeitung und kein Schwarzes Brett. Da braucht es ein bisschen guten Willen, ein Konzept und die Disziplin, den Inhalt zu pflegen. Damit ist die Grundversorgung an Informationen schon gesichert.

Erfolg ist freiwillig

Informationen, die ins Intranet gehören:

Die Unternehmensziele

Wenn Sie die Unternehmensziele noch nicht ausgearbeitet und veröffentlicht haben: Hier ist der Platz für Input von allen Mitarbeitern. Jeder darf und soll seinen Beitrag leisten. Wir wollen doch alle ins Boot kriegen, und dies ist eine wunderbare Gelegenheit dafür. Wenn Sie auch anonyme Beiträge zulassen, bekommen Sie auch abweichende Meinungen zu hören. Das mag Sie zwar manchmal ärgern, aber es gibt Ihnen wichtige Hinweise. Besser jetzt kritische Stimmen als hinterher passiven Widerstand!

Wenn die Unternehmensziele ausgearbeitet sind und jedem Mitarbeiter überreicht: Sie gehören trotzdem ins Intranet – an prominenter Stelle. Denn alles andere leitet sich davon ab.

Aufgaben und Verantwortungsbereiche

Schreiben Sie hier die ‚5 + 1 Ws' auf:

1. **W**as ist zu tun?
2. **W**er macht es?
3. **W**ann?
4. **W**o?
5. **W**ie muss es getan werden?

Sowie, aber an erster Stelle, das **Warum.**

Hier ein Beispiel:

Sauberkeit und Ordnung in den Werkstätten

Jeder Mitarbeiter ist aufgerufen, für Ordnung und Sauberkeit in seinem Umfeld zu sorgen. Dies ist nicht nur wichtig, weil es einen guten Eindruck macht. Es hilft auch, dass wir alle uns wohlfühlen an unserem Arbeitsplatz. Und schließlich dient es der Sicherheit und Unfallverhütung. Daher beachten Sie bitte folgende Regeln:

- Werkzeug gehört nach Gebrauch an seinen dafür vorgesehenen Platz. Jeder Mitarbeiter ist dafür zuständig. Kontrolle um 17 Uhr durch Meister Müller.

15 Sagen, was Sache ist

- Die Maschinen müssen abgekehrt und feucht abgewischt werden. Zuständig sind die einzelnen Maschinenführer. Kontrolle um 16.45 durch Herrn Müller.

- Der Fußboden muss sauber sein. Zuständig ist Frau Schulze. Kontrolle durch Herrn Meier.

- Die Durchgangswege müssen frei bleiben. Verantwortlich ist Herr Meier.

- Die Fenster werden jeden Montag Nachmittag geputzt. Zuständig Frau Schulze. Kontrolle durch Herrn Meier.

Und so geht es weiter, Abteilung für Abteilung, Punkt für Punkt. Lassen Sie sich dabei von Ihren MitarbeiterInnen helfen. Sie wissen oft am besten, ob Frau Schulze mit ihren Rückenproblemen wirklich die Fenster putzen kann oder ob es nicht besser der Franz macht, der bei den Landesturnmeisterschaften Dritter geworden ist. Der ist noch jung, und außerdem macht er es gern. Auch wissen Ihre MitarbeiterInnen oft besser als Sie, ob Montag wirklich der richtige Tag für das Fensterputzen ist.

Was kann man von ‚Wikipedia' lernen?

Ihre Arbeitsabläufe müssen nicht fertig sein, bevor Sie sie veröffentlichen. Das kann durchaus ‚Work in Progress' sein. Sie kennen doch sicher ‚Wikipedia'? Das Lexikon im Internet, das durch das Zusammenwirken von allen entsteht. Jeder, der sich auf einem Gebiet auskennt, kann einen Artikel darüber verfassen. Und jeder, der es besser weiß, kann diesen Artikel korrigieren. Auf diese Weise entsteht eine Wissenssammlung, die nicht von einzelnen Autoren abhängig ist, sondern ganz dynamisch immer besser wird.

Was spricht dagegen, Ihre Arbeitsabläufe auf ähnliche Weise wachsen zu lassen? Vergessen Sie nicht: Die MitarbeiterInnen sind das Unternehmen, und je mehr innerlich beteiligt sind und am gleichen Strang ziehen, desto mehr Erfolg hat Ihr Unternehmen.

Klar, wenn Sie natürlich lieber Gesetze diktieren wie Napoleon, dann ist diese Methode nichts für Sie. Aber wundern Sie sich nicht, wenn man Sie irgendwann nach Elba verbannt. Oder St. Helena. Das ist noch ein bisschen weiter weg!

Noch ein Vorteil: Ich habe öfter erlebt, dass es gar nicht der Chef ist, der die Diktatorallüren hat. Aber eine Etage tiefer sitzt jemand, der gerne an Stuhlbeinen sägt, eigene Süppchen kocht und seinen Spaß an Machtspielchen hat. Ein

Erfolg ist freiwillig

kleiner Intrigant und Möchtegern, dem man nicht so richtig beikommt. Sie kennen solche Typen auch, oder?

Wenn Sie Ihre Regeln und Arbeitsabläufe dynamisch wachsen lassen, legen Sie diesen Herren (und ganz selten auch Damen) ziemlich schnell das Handwerk. Öffentlichkeit und Transparenz ist kein guter Boden für Intrigen und Fallgruben.

‚Who´s Who?' Die Ansprechpartner im Unternehmen

Wenn Sie die eben formulierten Arbeitsabläufe nach Personen ordnen statt nach Tätigkeitsbereichen, haben Sie ein Liste der Verantwortlichen in Ihrem Betrieb. Um beim obigen Beispiel zu bleiben:

MitarbeiterIn	Verantwortungsbereich
Frau Schulze:	Reinigung der Fußböden, Fensterputzen (montags)
Herr Meier:	Kontrolle der Sauberkeit, Kontrolle der Durchgänge
Herr Müller:	Kontrolle der Maschinen, Kontrolle der Werkzeuge

Orientierung geben und Konflikte gar nicht erst entstehen lassen ist das Ziel des Intranets. Wenn Herr Müller sich bei Frau Schulze darüber beschwert, dass sie die Fenster nicht geputzt hat, kann sie mit Fug und Recht sagen, dass ihn das bitteschön nichts angeht. Sie hätte mit Herrn Meier vereinbart, es morgen zu tun, weil es nämlich heute regnet. So hört das Hineinregieren auf, das viel öfter, als uns allen lieb ist, zu Stunk und Reiberei führt.

Wichtige Kennzahlen

Teilen Sie Ihren MitarbeiterInnen mit, wie das Unternehmen dasteht. Stellen Sie Umsatz- und Gewinnziele den tatsächlich erzielten Ergebnissen gegenüber. Als Tabelle für die linke Hirnhälfte, als Kurve oder Diagramm für die rechte Hirnhälfte. Oder war es umgekehrt? Wo es nötig ist, geben Sie Erklärungen ab:

Informieren Sie Ihre Mitarbeiter!

Wir haben im 3. Quartal mehr Umsatz mit Eiskrem und Softdrinks gemacht, weil wir eine außergewöhnliche Hitzeperiode hatten, wie Sie ja wissen, liebe

15 Sagen, was Sache ist

Machen Sie Geschäftsergebnisse transparent und nachvollziehbar!

Mitarbeiter! Besonderen Dank an alle, die bei den Sonderschichten mitgemacht haben, um die enorme Nachfrage zu befriedigen.

Oder: Der Gewinn ist um 2 Prozent höher ausgefallen als erwartet. Das gibt uns das nötige Geld, um damit einen Teil unserer Schulden bei der Bank zurückzahlen sowie eine zweite Lagerhalle zu bauen.

Oder: Leider haben wir unsere Umsatzziele für das erste Halbjahr nicht erreicht. Die Gründe liegen neben der flauen Konjunktur darin, dass mit der Firma XYZ eine neue Konkurrenz aufgetaucht ist, die uns erhebliche Schwierigkeiten macht. Ein Team unter der Leitung von Frau Petra Pauer ist dabei, eine Strategie zu entwickeln, die uns wieder dorthin bringen wird, wo wir hingehören. Wir erwarten die ersten Ergebnisse im Oktober.

Wenn Sie Ideen und Anregungen haben – nur zu! Schicken Sie uns bitte eine Mail – klicken Sie hier.

Wichtige Entwicklungen

Legen Sie Strategien weitestgehend offen!

Wichtige Entwicklungen sollten Sie frühzeitig hier bekanntgeben:

Wir haben eine neue Filiale in Bielefeld eröffnet. Auf einer Fläche von 2.000 Quadratmetern beginnen wir dort zunächst mit dem Teilsortiment Damenkonfektion. Aber wir wollen, sobald wir besser eingeführt sind, langsam in Richtung Vollsortiment expandieren. Im Moment haben wir dort 14 MitarbeiterInnen. Ein Ausbau auf etwa 30 MitarbeiterInnen ist vorgesehen. Die Filiale ist in einem gut besuchten Einkaufszentrum gelegen..

Wir führen Gespräche mit einer Delegation aus Ungarn, weil wir dort einen weiteren lukrativen Exportmarkt sehen..

Die Firma XYZ hat bei uns angefragt, ob wir Möglichkeiten für eine Kooperation im Entwicklungsbereich sehen..

Kommunizieren Sie personelle Veränderungen.

Frau Sauer wird ‚babyhalber' (unsere herzlichen Glückwünsche!) im Juni ausscheiden. Die neue Personalchefin kommt bereits am 15. Mai, um sich umzusehen, uns kennenzulernen und sich einzuarbeiten. Sie heißt Vanessa Tanner, ist 33 Jahre alt und hat bisher bei XYZ als Assistentin des Personalchefs gearbeitet. Wenn Sie mehr darüber wissen wollen, klicken Sie hier.

Ankündigungen für interne Veranstaltungen

Für Betriebsversammlungen zum Beispiel, die Sie dann veranstalten, wenn Sie Ihren MitarbeiterInnen wichtige Entwicklungen persönlich mitteilen möchten. Wenn es so richtig aufwärts geht zum Beispiel, Sie sich darüber freuen und diese Freude mit allen teilen möchten. Aber auch, wenn es zur Zeit gar nicht gut geht, die Herren von der Bank steinerne Gesichter gemacht haben und Sie keine andere Chance sehen, als sich von einem Teil Ihrer Mitarbeiter zu trennen.

Betriebsrat

Wenn Sie einen haben, lassen Sie ihn hier zu Wort kommen. Unzensiert und in eigener Verantwortung.

Weiterbildungsangebote

Hier kommen die Angebote für Seminare und Vorträge, Betriebsführungen und Veranstaltungen hin. Neben den offiziellen, von externen Trainern, Referenten und Coachs veranstalteten Tagen, können das auch interne Termine sein wie:

- Frau Müller aus der Buchhaltung hält einen Mini-Vortrag über die neuen Vorschriften für Spesenabrechnungen.

- Herr Meier zeigt seine Dias von seiner Chinareise (und warum nicht? Vielleicht fotografiert er gut, und so erfahren wir einen ganz anderen Standpunkt als den, den wir aus dem Fernsehen gewöhnt sind).

Mit Rat und Tat: das Diskussionsforum

Vielleicht kennen Sie das aus dem Softwarebereich, wo das eine beliebte Methode ist, Wissen weiterzugeben. Oft besteht der gesamte Support für Softwareprobleme aus solchen Diskussionsforen. Aber es lässt sich in jedem Bereich einsetzen. Und so funktioniert es:

Irgendjemand gibt eine Frage ein – „Hallo, ich bin Fahrradfan und neu hier in der Stadt. Kann mir jemand sagen, wo es gute Routen für Mountainbikes gibt?"

Und dann kann es gut sein, dass jemand antwortet, genau so öffentlich natürlich: „Eine familientaugliche Strecke führt rund um den Burgberg. Start am Schloss, Dauer zirka zwei Stunden."

Und ein anderer: „Bei ‚Lodendodel' gibt es gutes Kartenmaterial für Radwanderungen."

Und noch jemand: „Wir haben einen Club, der sich jeden Samstag um drei Uhr am Gasthaus ‚Hirzinger' in Söllhuben trifft. Von dort aus machen wir Touren, hinterher trinken wir etwas und besprechen, wohin die nächste Tour geht. Kommt doch einfach mal vorbei!"

Dadurch, dass dies alles öffentlich und für jeden lesbar ist, haben alle die Chance, von der Existenz dieses Clubs zu erfahren.

Verbesserungsvorschläge

Früher gab es Briefkästen, in die man Verbesserungsvorschläge einwerfen konnte. Gute Ideen wurden mit Prämien belohnt. Die modernere, papierlose Form ist eine Rubrik im Intranet: Die Mitarbeiter werden ermutigt, ihre Ideen hier einzugeben. Prämien gibt es nach wie vor.

Suchfunktion

Hilfreich und leicht einzubauen ist eine Suchfunktion. Auf der Titelseite gibt es ein kleines Eingabefeld, in das man alles Mögliche schreiben kann, wie zum Beispiel: ‚Reisekosten'. Und dann findet das Programm alles, was zu diesem Thema vorhanden ist, egal, in welcher Rubrik. So eine Suchfunktion macht das Leben einfach leichter.

Wenn Sie nun befürchten, dass Sie vor lauter Intranet gar nicht mehr zum Arbeiten kommen: Sie müssen es ja nicht selbst machen. Die Grundstruktur machen Ihnen externe Webdesigner schnell und preiswert. Für die Inhalte gibt es freie Texter und Journalisten, die so eine Arbeit für eine monatliche Pauschale gern übernehmen. Setzen Sie einfach eine Kleinanzeige in die Zeitung!

16. Die Menschen machen den Unterschied

Sie werden schon bemerkt haben, dass es sehr ‚menschelt' in diesem ersten Teil, an dessen Ende wir nun allmählich angekommen sind.

Ja, das ist so! Und aus gutem Grund. Die Menschen sind das Unternehmen und das Unternehmen sind die Menschen.

Toyota hat völlig identische Fabriken in Japan und in England – dieselben Maschinen, dieselben Abläufe, dieselben Produkte. Und doch sind sie verschieden, und sie haben auch verschiedene Ergebnisse in Produktivität und Qualität. Der einzige Unterschied sind die Menschen.

Und genau darum geht es mir: Die Menschen machen den Unterschied! Wenn Sie Erfolg haben möchten – und Sie möchten ihn haben, sonst würden Sie doch kein Buch mit dem Titel ‚Erfolg ist freiwillig' lesen, oder? –, dann sind die Menschen in Ihrem Unternehmen der Mittel-, Dreh- und Angelpunkt all Ihres Denkens und Handelns.

Sie werden Erfolg haben, wenn Sie und Ihre Mitarbeiter erkennen, dass Erfolg eine Gemeinschaftsaufgabe und eine gemeinsame Leistung ist. Die Mitarbeiter sind ein wesentlicher Teil des Erfolges – wenn nicht der wesentlichste Teil überhaupt.

Die Menschen – Ihre Mitarbeiter, sind der Erfolgsfaktor Nr. 1.

Wenn Sie es schaffen, dass Ihre Mitarbeiter die Ziele des Unternehmens als ihre eigenen wahrnehmen, weil sie daran mitgearbeitet haben, weil sie gehört und ernst genommen worden sind, dann identifizieren sie sich damit und setzen sie gern um. Wenn man Energien bündelt, setzt das eine gewaltige Kraft frei. Ihre Mitarbeiter wissen das genauso gut wie Sie, und sie sind dankbar für die Chance, das verwirklichen zu dürfen. Sie setzen die Unternehmensleitlinien als ihr ‚Credo' gerne um und halten auch andere Mitarbeiter dazu an, indem sie ihr Vorbild sind. Sie versuchen, Fehler zu vermeiden und besser zu werden, gemeinsam.

16   Die Menschen machen den Unterschied

Wie möchten Sie behandelt werden?

Zu schön, um wahr zu sein? Fragen Sie mal Ihre MitarbeiterInnen, was sie wirklich wollen. Oder fragen Sie doch einfach sich selbst: Möchten Sie eine Nummer sein, die nur deswegen einen Job hat, weil es bisher keine billigere Maschine gibt, die Sie ersetzt? Oder möchten Sie etwas aus ihrem Leben machen? Möchten Sie gefragt werden, was Ihnen wichtig ist, oder machen Sie lieber das, was Ihnen jemand befiehlt?

Ihre MitarbeiterInnen stellen Ihnen die qualitativ beste Zeit des Tages zur Verfügung. Gestern war ich beim Friseur in einem Einkaufszentrum. Beim Haarewaschen sagte meine Friseuse zu ihrer Kollegin: „Es muss kalt sein draußen. Die Leute behalten alle ihre Jacken an." Meine Güte, dachte ich, die Ärmsten sehen ja niemals die Sonne! Die sind immer hier drin und haben keine Ahnung, wie es draußen aussieht. Und trotzdem waren sie fröhlich. Es herrschte eine gute Atmosphäre. Sie fühlten sich wohl.

Motivation ist nichts, was man von außen draufstreut wie Dünger auf das Feld. Motivation ist schon da. Ihr Job als Chef ist es, diese Motivation zu erhalten und zu pflegen. Und das sicherste Mittel dazu ist nach wie vor die Anerkennung: Schauen Sie hin und sehen sie, was Ihre MitarbeiterInnen leisten. Und sagen Sie Ihnen, dass Sie es gut finden!

Haben Sie Vertrauen!

Geben Sie Ihren MitarbeiterInnen die Chance, zu wachsen. Übertragen Sie Verantwortung. Im Klartext heißt die Botschaft: Ich vertraue dir. Ich sehe, was du kannst, ich sehe was du bisher geleistet hast. Ich sehe, dass mehr in dir steck und dass du mehr aus dir machen möchtest. Ich gebe dir die Chance dazu. Ich vertraue dir. Und ich helfe dir dabei, in die neuen Aufgaben hineinzuwachsen.

Entwickeln Sie für Ihre Mitarbeiter weiterführende Aufgaben!

Möchten Sie wissen welche Botschaft dann bei Ihrem Mitarbeiter ankommt? Diese hier: Mein Chef nimmt mich wahr. Er sieht, dass ich mich bemühe. Er sieht, dass ich etwas kann. Er sieht, dass ich besser werden will und besser werde. Er traut mir etwas zu. Er braucht mich. Er glaubt, dass ich es kann. Er sagt ja zu mir. Ich darf stolz auf mich sein. Ich bin wer.

Wir alle haben jetzt schon tausendmal den alten Spruch gehört: ‚Das Ganze ist mehr als die Summe seiner Teile.' Aristoteles, Schüler von Plato und Lehrer von Alexander dem Großen, hat das als Erster gesagt, vor etwa 2.350 Jahren. Was bedeutet das eigentlich? Wieso soll das Ganze mehr sein als die Summe seiner Teile? Wie soll das gehen?

Erfolg ist freiwillig — 16

Ein Haus ist nicht einfach ein Haufen Steine. Ein Auto ist nicht einfach Blech, Glas, Plastik, Öl.

Alles was ein ‚Ganzes' ist hat eine Struktur. Das heißt, dass da eine Vorstellung von einer bestimmten, sinnvollen Ordnung ist. Da ist ein Traum, eine Leidenschaft, ein Wille, der diese Vorstellung verwirklicht. Dafür braucht man Energie, vibrierende, lebendige Energie. All das hat eine bloße Summe von Teilen, ein Steinhaufen hat sie nicht: weder Struktur noch Imagination noch Motivation noch Energie.

> ■ *Eine Firma ist nicht einfach der Chef, sind nicht einfach die Maschinen und die Leute, die sie bedienen.*

Ein Unternehmen ist ein lebendes System mit einer lebenden, sich verändernden Struktur. Wie ein Baum, der auch starr aussieht, aber sich ständig verändert – unmerklich, von innen heraus. Ein Unternehmen braucht Imagination, Vision. Und Leidenschaft, Träume, Arbeit für die Umsetzung. Ein Unternehmen nimmt Energie auf und strahlt Energie aus. Das ist ein Geben und Nehmen. Ein Unternehmen atmet.

Das Ganze ist mehr als die Summe seiner Teile? Ja. Aber nur, wenn es lebt! Und je mehr es lebt, desto mehr entsteht dieser Teamgeist, der uns alle beflügelt. Der uns den ‚Extra-Kick' gibt, wenn es nötig ist. Aus Sportsgeist und Begeisterung.

Erfolg ist Leistung aus Leidenschaft!

Das, lieber Herr Chef, liebe Frau Unternehmerin – das zu vermitteln und vorzuleben –, das ist Ihr Job!

‚Das Ganze ist mehr als die Summe seiner Teile'.

Der Autor

Dieter Richter studierte Rechtswissenschaft in Heidelberg mit dem Abschluss Volljurist.

Nach Tätigkeiten in verschiedenen Führungspositionen im Bereich Vertrieb und Marketing absolvierte er diverse Zusatzausbildungen zum Trainer und Coach.

Ab 1990 arbeitete Richter freiberuflich als Trainer überwiegend in der Automobil- sowie in der Versicherungsbranche. Dabei waren die inhaltlichen Tätigkeitsschwerpunkte ‚Führung', ‚Akquisition' und ‚Verkauf'.

1993 gründete Richter die Firma ‚Richter Consulting & Training' mit heutigem Sitz in Bad Wörishofen. 1995 folgte die Berufung ins Coach-Team bei einem Premiumhersteller der Automobilindustrie für das Projekt ‚Qualitätsmanagement im Autohaus'. Parallel absolvierte er die Ausbildung zum Qualitätsmanager bei der Deutschen Gesellschaft für Qualität e.V.

Von 1992 bis 2002 begleitete Richter als freier Coach für Qualitätsmanagement eine größere Anzahl Autohäuser bis hin zum QM-Audit. Darauf folgend übernahm er bis ins Jahr 2004 die Betriebsleitung zweier Autohäuser.

Aktuell arbeitet Dieter Richter freiberuflich als Management-Trainer und Unternehmens-Coach in verschiedenen Branchen mit dem Schwerpunkt ‚Betriebswirtschaftlicher Erfolg'.

Kontakt: dieter.richter@richter-consulting.com